Hexenzauber für den Hausgebrauch

Basilissa

Hexenzauber für den Hausgebrauch

Magische Tipps für Gesundheit, Glück und Geld

Im FALKEN Verlag sind zahlreiche weitere Titel zum Themenbereich Esoterik erschienen. Sie sind überall erhältlich, wo es Bücher gibt.

Sie finden uns im Internet: **www.falken.de**

Der Text dieses Buches entspricht den Regeln der neuen deutschen Rechtschreibung.

Dieses Buch wurde auf chlorfrei gebleichtem und säurefreiem Papier gedruckt.

Die Tabelle auf Seite 36 ist entnommen aus Frater Widar „So lernen Sie hexen" (Esoterischer Verlag Paul Hartmann) Die Tabelle auf Seite 93–96 ist entnommen aus Ansha „Hexenküchen Zauber" (W. Ludwig Buchverlag, München, 1999)

ISBN 3 635 60606 5

© 2001 by FALKEN Verlag in der Verlagsgruppe FALKEN/Mosaik, einem Unternehmen der Verlagsgruppe Random House GmbH, 65527 Niedernhausen/Ts.
Die Verwertung der Texte und Bilder, auch auszugsweise, ist ohne Zustimmung des Verlags urheberrechtswidrig und strafbar. Dies gilt auch für Vervielfältigungen, Übersetzungen, Mikroverfilmung und für die Verarbeitung mit elektronischen Systemen.
Umschlaggestaltung: Martina Eisele Grafik-Design, München
Gestaltung: Christina Dinkel
Redaktion: Vera Baschlakow
Herstellung: Bettina Christ
Satz: FALKEN Verlag, Niedernhausen/Ts.
Druck: Freiburger Graphische Betriebe GmbH, Freiburg

Die Ratschläge in diesem Buch sind von der Autorin und vom Verlag sorgfältig erwogen und geprüft, dennoch kann eine Garantie nicht übernommen werden. Eine Haftung der Autorin bzw. des Verlags und seiner Beauftragten für Personen-, Sach- und Vermögensschäden ist ausgeschlossen.

Inhalt

Einführung: Was Sie über weiße und schwarze Magie wissen sollten   10

Hexen hat es immer gegeben   11
Die uralte neue Religion: Wicca   13
    Hexentraditionen   14
    Die heutige Wicca-Lehre   16
Das Buch der Schatten   16
Magie – ein Mysterium aus alter Zeit   17
    Magie ist weder gut noch böse   17
Die Gefahren der Magie   18
Formen der Magie   19
    Unser Verhalten kann magisch sein –
    und Magisches bewirken   20
    Der richtige Blick auf die Dinge   20
Wie wird man eine Hexe?   21

Kapitel 1: Hexenwissen: Elemente, Symbole, magische Geräte   23

Was Sie als Hexe wissen und beachten sollten   23
Die vier Elemente   25
Das fünfte Element   28
Magische Symbole   29
    Das Pentagramm   29
    Das Hexagramm   30
    Die Mondsichel   30
    Die Hörner   30
    Das achtspeichige Rad   30
    Der Kreis   30
    Das Dreieck   30
    Das Quadrat   31
    Das Kreuz   32

Die Lemniskate 32
Zahlen 32
Das Handwerkszeug einer Hexe 33
   Das Schwert oder der Dolch 34
   Der Zauberstab 34
   Der Kelch 35
   Das Pentakel 35
   Kerzen 37
   Der Besen 38
   Die Glocke 38
   Der Kessel 38
   Die Kristallkugel 39
   Das Räucherfass 39
   Der Mörser 39
   Der Ritualstab 39

Kapitel 2: Hexenwissen: Sabbat, magischer Kreis, Ritual 40
Die wichtigsten Hexenfeiertage 41
Die Initiation einer Hexe 42
   Ein wichtiger Schritt: die Selbstweihe 42
Der magische Kreis 44
   Wie man den magischen Kreis zieht 44
Die Mondphasen und die magische Arbeit 46
   Vollmond fördert magische Arbeit 46
   Der zunehmende Mond 46
   Der abnehmende Mond 46
   Der Neumond 47
Die Weihe der magischen Geräte 48
Das Hexenritual 49
   Die Grundstruktur eines Rituals 50
   Das Vorbereiten des Rituals 51
   Der Beginn des Rituals 52
   Das Anrufen der Himmelsrichtungen und der Elemente 54
   Das Beenden des Rituals 57
Für jeden Zweck das passende Ritual 57

Kapitel 3:
Das Hufeisen an der Haustür: Schutz- und Bannrituale 59
Das Ritual der Reinigung 60
    Vorbereitung und Hilfsmittel 61
    Wann Sie bereit sind 62
    Reinigen und mit neuer Energie aufladen 62
    Kerzenlicht bringt Reinigung und neue Energie 63
    Farben und Düfte, Kräuter und Steine 63
    Sonnen-, Mond- und andere Wässer 65
    Das wichtigste Zubehör für das Reinigungsritual 66
Schutz und Abwehr in der Magie 67
    Das Amulett 67
    Sigillen 68
    Der Talisman 69
Das Schutzritual 70
    Das wichtigste Zubehör für das Schutzritual 71
Bannzauber 72
    Schutz- und Bannzauber auf dem Lande 72
    Bäuerliches Brauchtum gegen böse Dämonen 73
    Aus dem „magisch-sympathetischen Hausschatz" 74
Geldzauber: Magie für Erfolg und Wohlstand 75
    Wichtiges Zubehör und Voraussetzungen
    für ein Erfolgs- oder Geldritual 76
Die dunkle Seite der Hexenkunst: schwarze Magie 77

Kapitel 4:
Junivollmond bringt Liebesglück: Rituale für Herzensangelegenheiten 79
Die Ethik des Liebeszaubers 79
    Was man gibt, das kommt zurück 80
    Liebesbann 81
Das Liebesritual 82
    Liebeszauber nach alter Tradition 83
    Liebestrank und Liebesbad 84
    Das wichtigste Zubehör für das Liebesritual 85
Die „offenbarten Geheimnisse der natürlichen Magie" 87

Womit man Männer verliebt macht 87
Womit man Frauen verliebt macht 88
Liebesorakel 88
　Eheorakel 91

Kapitel 5: Gesundheit aus dem Hexenkessel 92
Magische Zutaten 92
　Die Magie der Lebensmittel 93
Magische Rezepte 97
Nahrung im Mond-Tierkreis 98
　Lebensmittel im Element Luft 100
　Lebensmittel im Element Feuer 100
　Lebensmittel im Element Wasser 101
　Lebensmittel im Element Erde 102
Magisch-heilende Kräuter 103
Die Wirkung der Sternzeichen auf unseren Körper 106
Magische Heilsteine 106
Das Gesundheitsritual 111
　Das wichtigste Zubehör für das Gesundheitsritual 112

Kapitel 6: Was Tarotkarten, Kristallkugel und Pendel verraten 114
Der Blick in die Tarotkarten 115
　Finden Sie „Ihre" Tarotkarten 116
　Was das Tarot Ihnen sagt 117
　Die großen Arkana 118
　Die kleinen Arkana 122
　Das Auslegen: Keltisches Kreuz 125
Der Blick in die Kristallkugel 126
　Wie Sie mit der Kristallkugel arbeiten 127
Der Blick auf das Pendel 129
　Die Wahl des richtigen Pendels 129
　Wie man mit dem Pendel arbeitet 130
　Die Bewegungen des Pendels 132
　Wie Sie Ihr Pendel pflegen 132
　Die Arbeit mit Pendeltafeln 132

Kapitel 7:
Tanzen die Hexen des Nachts im Kreise ...: Hexenfeste und Kräuterzauber 134
Hexenfeste und ihr heidnischer Ursprung   134
   Die Sonnenfeste   136
   Die Mondfeste   138
Magische Stunden   140
   Kosmische Stunden   141
Magisches Arbeiten   142
Magische Kräuter und ihre Wirkungen   145
   Kräuterzauber   147
   Wie Hexen Kräuter sammeln   148
   Die Mondphasen und die magische Kräuterernte   150
   Geheime Pflanzen im Zeichen der Planeten   154

Kapitel 8: „Hexenhammer" und Hexenprobe: Aus der Geschichte   156
Was unsere Ahnen glaubten   156
Die Geschichte von Magie und Hexerei   158
   Ursprünge und Altertum   158
   Das frühe Christentum bis zum 4. Jahrhundert   160
   Das Mittelalter   161
   Der Beginn der Hexenprozesse: 1230–1484   163
   Der Höhepunkt der Hexenverfolgung: 1500–1700   164
   Das allmähliche Ende der Hexenjagd: 1700–1792   165
   Unsere Zeit: das 20. und 21. Jahrhundert   165
   Das moderne Hexentum   166

Anhang   167
Lexikon der magischen Begriffe   167

Was Sie über weiße und schwarze Magie wissen sollten

Du musst versteh'n!
aus Eins mach Zehn.
Und Zwei lass geh'n.
Und Drei mach gleich,
So bist du reich.
Verlier die Vier!
Aus Fünf und Sechs,
So sagt die Hex',
Mach Sieben und Acht,
So ist's vollbracht:
Und Neun ist Eins,
Und Zehn ist kein's.
Das ist das Hexen-Einmaleins!

JOHANN WOLFGANG VON GOETHE, FAUST – ERSTER TEIL

Werden Sie schlau aus Goethes Hexen-Einmaleins? Finden Sie die Lösung? Dafür brauchen Sie allerdings keinerlei Zauberkunst. Für das Hexen-Einmaleins aus dem „Faust" müssen Sie eher mathematisch und weniger magisch denken.

Dass sich sogar Altmeister Goethe (1749–1832) mit Magie und Hexerei befasst hat, ist sicher nicht jedem bekannt. Und es ist nicht beim „Hexen-Einmaleins" geblieben: Goethe hat zahlreiche Schriften und Gedichte verfasst, die Zauberei und Magie zum Thema haben; er beschäftigte sich außerdem intensiv mit Themen aus Mystik und Okkultismus. Für einen gebildeten Menschen seiner Zeit war das nichts Ungewöhnliches.

Hexen hat es immer gegeben

Hexen sind beileibe keine Erfindung des finsteren Mittelalters: Es hat sie zu allen Zeiten und überall auf der Welt gegeben. Immer schon wurde ihnen nachgesagt, dass sie Macht über Dämonen hätten, dass sie mit geheimnisvollen Kräften auf Mensch und Tier, auf Pflanzen und sogar auf Himmel und Erde einwirken könnten. Man glaubte, mit bestimmten Zaubersprüchen würden Hexen Unheil oder Heil heraufbeschwören, böse Geister bannen und in Notzeiten und bei Krankheit Hilfe und Heilung bringen. Mit dem Begriff „Hexe" verband man einen Dämon, der allerdings menschliche Züge tragen konnte. So entstand die Vorstellung von einer schädigenden Zauberin, die vor allem nachts Unheil bewirkte.

In grauer Vorzeit hat man schon Hexen gekannt; man hat sie allerdings anders genannt: Sie waren Priester und Priesterinnen der Großen Göttin, die alles Leben und Werden auf der Erde bestimmte. Sie beschäftigten sich mit Astrologie und Astronomie, mit Heilkunde und eigneten sich nach und nach ein enormes Wissen über Mensch und Tier, Pflanzen und Naturereignisse an. Selbst in der Götterwelt der Antike gab es die weibliche Urkraft, die alles werden und wachsen ließ, aber auch Zerstörung und Tod brachte. Erst nach und nach verschwand die Große Göttin und wurde durch männliche Gottheiten verdrängt und ersetzt.

Die Heilkunst lag bereits in vorchristlicher Zeit meist in weiblicher Hand; bis ins 15. Jahrhundert hinein waren die Zaubersprüche und Beschwörungen von weisen Frauen beinahe die einzige Quelle praktischer Medizin. Männer befassten sich so gut wie gar nicht mit der Heilkunde: Krankheit galt als „dämonische Besessenheit" – und das offiziell zulässige „Medikament" dagegen war der Exorzismus. Männliche Ärzte waren sogar viel später noch einzig und allein den Reichen vorbehalten. Die Armen – und damit der weitaus größte Teil der Bevölkerung – gingen zur „Dorfhexe". Sie war meist eine weise Frau, die aus der Überlieferung von Generationen nicht nur Heilkünste, sondern auch manchen magischen Spruch und lebensklugen Ratschlag kannte und weitergab. Dies geschah immer nur im kleinen Kreis, denn alte Überlieferungen, Rezepte und Heilmittel waren nicht für die Allgemeinheit bestimmt. Sicherlich war das mit ein Grund, warum die weisen Frauen den männlichen Priestern des Christentums, aber auch denen früherer, patriarchalischer Religionen nicht ganz geheuer waren.

Von Anfang an mussten Hexen jedoch nicht unbedingt magische Kräfte bemühen, wenn sie den Menschen helfen wollten. Genaue Beobachtung der Natur, Überlieferungen über die Heilkräfte von Kräutern und anderen Pflanzen, aber auch das Wissen um ihre Gifte reichten völlig aus und machten die Dorfhexe auf dem Lande unentbehrlich. Heute sind Schamanen und Heiler wieder sehr gefragt – als Hüter alter Weisheiten vom Leben mit der Natur und auch von veränderten Bewusstseinsformen. Man sucht dieses alte Wissen in Nord- und Südamerika, in Afrika und Asien – stets weit von unseren Breiten entfernt und stets mit dem Reiz des Exotischen behaftet. Dass es auch in unserem Kulturkreis eine lebendige Naturreligion mit magischen Elementen gegeben hat, ist weitgehend unbekannt. Dabei existierte diese Naturreligion vor dem Christentum bei den Germanen und Kelten vermutlich in ähnlicher Form wie in Nordamerika: Es gab heilige Plätze, Kraftzentren der jeweiligen Landschaften. Die Natur wurde nicht als totes Objekt, sondern als belebter Partner des Menschen empfunden und behandelt. Und auch die zugehörigen wichtigen Symbole finden wir überall auf der Welt – zum Teil sind sie sich sehr ähnlich oder sogar identisch.

Nur in sehr spärlichen Überlieferungen hat diese alteuropäische Religion weitergelebt, verfemt und verfolgt als „Hexentum" und „Satanskult". Dabei haben die Anhänger der alten Religionen die Figur des Teufels gar nicht gekannt: Er ist eine „Erfindung" des Christentums. In alter Zeit – und auch in heute noch existierenden Naturreligionen – unterschied man weniger explizit in „gut" und „böse", sondern akzeptierte das Leben im Einklang mit der Natur, die in all ihrer Vielfältigkeit eben manchmal zum Positiven und manchmal zum Negativen tendiert. Innerhalb des großen Lebenskreises hebt sich Gutes und Schlechtes auf, es hält sich die Waage. Ganz gewiss hatten die Anhänger alter Naturreligionen keinerlei Interesse daran, durch Hexerei die Ernte oder den Viehbestand zu ruinieren. Im Gegenteil: In diesen Fruchtbarkeitsreligionen drückten die Feste im Jahreslauf Dankbarkeit gegenüber Himmel und Erde, Sonne und Mond aus und sollten den Zyklus von Wachsen und Gedeihen jährlich neu beleben und anregen. Die gewaltige Menge an präzisem und auch mythischem Wissen über den Gebrauch von Pflanzen, über Erdkräfte, Techniken der Bewusstseinserweiterung und uralte soziale Strukturen ist weitgehend verloren gegangen. Heute muss es von Magiern und Hexen, von Alternativen und Heilern mühevoll wieder entdeckt werden.

Die uralte neue Religion: Wicca

Wicca ist die Bezeichnung für eine moderne Form der Hexenkunst. Der Begriff bezeichnet ganz allgemein eine heidnische Kultform, bei der magische Elemente im Vordergrund stehen. Es handelt sich also nicht nur um eine religiöse Handlung wie bei vielen heidnischen Völkern, bei der lediglich die Kräfte der Natur verehrt werden. Wichtig ist für Wicca außerdem eine große individuelle Freiheit: Jede Hexe, jeder Magier, aber auch die einzelnen Zusammenschlüsse von Hexen in einem so genannten Konvent (engl. „Coven") haben den gleichen Rang und gleiche Rechte. Das Wort „Wicca" ist angelsächsisch und bedeutet „weise", aber auch „formen" oder „biegen": Hexen lassen die Welt nicht einfach an sich vorüberziehen – sie formen sich die Realität selbst, nach ihren eigenen Vorstellungen.

Wicca ist eine magische Religion, keine Religion der Schriften und Mythen. Die Christen haben ihre Bibel, aus der sie spirituelle Lektionen lernen, Muslims haben den Koran, die Juden die Thora. Auch die Griechen der Antike kannten viele Geschichten und Mythen, in denen Götter und Sterbliche Heldentaten vollbrachten oder schwierige Aufgaben erfüllten. In den meisten Hexentraditionen gibt es solche Schriften oder Mythensammlungen nicht. Wicca-Hexen lernen die Weisheit ihrer Götter durch ihre Magie, durch Meditation und durch die Sabbatrituale. Das Göttliche erleben Hexen nach dem Prinzip der Dualität – also in weiblicher und männlicher Form. Die Göttin ist das Symbol für die zyklischen Wiederholungen des Lebens: von der Jungfrau über die Mutter hin zur weisen Alten. Der Gott ist ihr Sohn, aber auch ihr Geliebter und verkörpert die Lebenskraft, die sie hervorbringt und die sich mit ihr vereint, um alles Leben in der Natur hervorzubringen.

Hexentraditionen

Ebenso wie es im Christentum viele verschiedene Konfessionen gibt, so gibt es auch in Wicca verschiedene Traditionen. Die älteste ist die gardnersche Tradition, die von dem Engländer Gerald Gardner (1884–1964) begründet wurde. Der Großteil ihres Gedankenguts stammt aus den Traditionen der Freimaurer, des Buddhismus und Hinduismus sowie der zeremoniellen Magie. Sehr eng verwandt ist die alexandrische Tradition, so genannt nach ihrem Gründer Alex Sanders (1926–1988), der ebenfalls Brite war. Der Schwerpunkt der alexandrischen Tradition liegt in der zeremoniellen Magie und der jüdischen Kabbala. Italienische Traditionen werden oft „Strega" genannt, nach dem italienischen Wort für Hexe. Hexentraditionen, die eine starke feministische Richtung haben, nennt man meist dianisch (nach der griechischen Göttin Diana).

> **Der Begründer des neuen Hexentums: Gerald Gardner**
>
> Die letzte Hexe wurde in Europa 1793 in Polen hingerichtet. Kurz danach schaffte man die Todesstrafe für Hexerei ab. Im Jahre 1951 wurde in England das letzte Gesetz gegen

Hexerei aufgehoben. Kurz danach veröffentlichte der pensionierte englische Beamte Gerald Brosseau Gardner (1884–1964) sein Buch „The Truth About Witchcraft" („Die Wahrheit über das Hexentum"). Gardner war in einen der letzten Hexenzirkel Englands aufgenommen worden und legte seine Auffassung der alten Naturreligion Wicca dar. Was Gardner beschrieb, hatte nicht viel mit dem alten Vorurteil von der bösen Hexe mit der Warze auf der Nase zu tun. Vielmehr berichtete er über eine Fruchtbarkeitsreligion, die es seit der Jungsteinzeit gegeben haben soll. Er berief sich dabei auf Höhlenmalereien, sowie auf „Venusstatuetten" wie die berühmte Venus von Willendorf. Einige dieser Werke sind älter als 25 000 Jahre. Nach Gardners Auffassung war die alte Religion der Hexen eine matriarchalische Religion. Gerald Gardners Werk war nicht unumstritten. Dennoch gilt er als Vater des modernen Hexentums. Heute ist „Wicca" eine weltweite Religion.

Widerspruch aus Amerika: Dr. Kellys Studien

Der Religionsforscher Dr. Aidan Kelly vom Santa Barbara Centre for Humanistic Studies wollte mit seinem Buch „Crafting the Art of Magic" (1991) eindeutig beweisen, dass Wicca eine neue Religion ist und nicht bis in die Jungsteinzeit zurückreicht. Nach Kelly ist Wicca im Jahre 1939 von Gardner, Dorothy Clutterbuck und den Mitgliedern des Rosicrucian Theatre in New Forest in England ins Leben gerufen worden. Kelly selbst ist Mitbegründer zweier neuheidnischer Organisationen: NROOGD (New Reformed Orthodox Order of the Golden Dawn) und Covenant of the Goddess, einer der größten als Kirche anerkannten Wicca-Organisationen in den Vereinigten Staaten. Kellys Buch ist der erste ernsthafte Versuch einer Historie des Wicca und nicht des Hexentums im Allgemeinen.

Die heutige Wicca-Lehre

Neuere Formen des Wicca haben sich seit 1970 entwickelt. Ihre Strukturen und Praktiken sind lockerer als die der traditionellen gardnerschen Überlieferung. Ihre Anhänger folgen einer Mixtur mehrerer Glaubenssysteme. Einige haben eigene Traditionen oder Zirkel gebildet und ein eigenes „Buch der Schatten" gestaltet. Viele Anhänger sind „Solitaires": So nennt man Hexen und Magier, die ihre eigenen Wege gehen und auch ihre Rituale selbst gestalten.

Das Buch der Schatten

Hexen haben keine heilige Schrift oder Mythensammlung. Oft wird in Zusammenhang mit Hexerei das „Buch der Schatten" erwähnt. Dies ist jedoch keine allgemein gültige Schrift, an der sich die einzelne Hexe orientiert, sondern vielmehr eine Art „magisches Notizbuch". Jede Hexe (oder jeder Konvent) legt darin magische Rezepte und Zauber schriftlich nieder. Auch Rituale finden dort ihre schriftliche Basis. Die beiden Hexenmeister Gardner und Sanders bestanden darauf, dass das jeweils für eine Hexe oder einen Konvent gültige „Buch der Schatten" jeweils von Hand abgeschrieben werden sollte. Dieser Brauch stirbt jedoch aus. Wer als „Solitaire", also als einzelne Hexe oder einzelner Magier lebt und arbeitet, legt sich oft ein eigenes „Buch der Schatten" an, in dem man die selbst erprobten Rezepte und Rituale niederschreibt.

Magie – ein Mysterium aus alter Zeit

Magie gehört seit der Urzeit der Menschheitsgeschichte zu den geheimnisvollsten Mysterien. Schon im Altertum bildeten spezielle Schulen ihre Anhänger nach strengen Regeln aus. Heute wie damals unterscheiden sich die so genannten Hexen in ihrer freien Form der Magie von der zeremoniellen Form der magischen Schulen.

Magie ist die Bezeichnung für unerforschte und deshalb als geheimnisvoll empfundene Naturkräfte sowie die Kunst ihrer Beherrschung. Unter Magie versteht man ganz allgemein die Handhabung verschiedener Energien, um bestimmte Situationen zu beeinflussen. Im Volksmund unterscheidet man zwischen schwarzer und weißer Magie. Doch diese grobe Unterteilung trifft nicht den Kern der Sache. Magie ist eher die Kunst, Ereignisse mit dem Willen von Hexe oder Magier in Einklang zu bringen. Viele Hexen definieren Magie als die Energie, die dem Kosmos das Leben gibt. Sie nutzen diese Energie für ihre eigenen Zwecke, müssen aber verantwortungsvoll mit ihr umgehen. Das Ziel wahrer Magie ist also das harmonische Zusammenleben mit den Kräften des Kosmos.

Magie ist weder gut noch böse

Es gibt im Prinzip gar keine „schwarze" und „weiße" Magie. Magie an sich ist neutral – also weder böse noch gut. Deshalb kann man auch nicht zwischen weißen und schwarzen Hexen im Sinne von „gut" oder „böse" unterscheiden. Jede Hexe, die ihre magischen Kräfte missbraucht, um anderen Personen Schaden zuzufügen, bringt ihre ureigene Beziehung mit dem Universum aus dem Gleichgewicht und muss die Konsequenzen ihrer Handlungen tragen.

Selbstverständlich ist Magie nicht das, was uns in Büchern und Filmen vorgegaukelt wird: Keine Hexe kann allein durch Gedankenkraft ein Haus einstürzen lassen oder einen Gegenstand durch die Luft bewegen. Dennoch sollten wir erkennen und akzeptieren, dass wir in der Kindheit viele so genannte magische Fähigkeiten haben, die uns nach und nach durch die Erziehung verloren gehen. Jedes Kind ist zunächst einmal fantasiebegabt und schafft sich spielerisch seine eigene Realität. Wem es gelingt, sich diese Gedankenkraft zu erhalten, der ist auf dem richtigen Weg. Magie kann nicht das Unmögliche vollbringen. Aber: Magie ist die Arbeit mit Energien und dies birgt auch Gefahren in sich.

Die Gefahren der Magie

Starhawk ist wohl eine der bekanntesten Autorinnen zum Thema Hexen und Magie. In ihrem Buch „Der Hexenkult als Ur-Religion der Großen Göttin" hat sie sich auch mit den Gefahren der Magie auseinander gesetzt. Starhawk warnt vor allem davor, die Macht zu missbrauchen, die durch magische Arbeit entstehen kann. Manche Menschen neigen dazu, Freunde und Bekannte herablassend zu behandeln, sie als unwissend und dumm zu betrachten, weil sie eben nicht an Magie glauben. Echte Hexen jedoch erheben sich nicht über andere; sie prahlen nicht mit ihrem Wissen und ihren Erkenntnissen. Und sie bleiben auf dem Boden der Tatsachen, verlieren nicht den Sinn für die Realität. Gesunder Menschenverstand ist auch für eine Hexe das Wichtigste!

So manche Hexe erfährt einen wahren Energieschub, wenn sie sich mit Magie auseinander setzt. Da kann es leicht zu einer gewissen Überheblichkeit kommen: Man fühlt sich allmächtig, überschätzt sich und seine Fähigkeiten, glaubt vielleicht, unangreifbar zu sein und sich alles – in Bezug auf das eigene Handeln – erlauben zu können. Doch auch Magie hat ihre Grenzen. Es ist sicherlich falsch, alle Rückschläge auf misslungene magische Handlungen zu schieben oder auf das eigene Unvermögen. Magisch arbeiten heißt nämlich auch, sich des eigenen Wertes bewusst zu sein und sich selbst zu schätzen. Wer sich seiner Persönlichkeit und seiner Fähigkeiten bewusst ist, wird Probleme ganz anders angehen als jemand, der unsicher ist und allein schon deshalb seiner Umwelt mangelndes Selbstbewusstsein vermittelt. Wir Hexen können nach außen nur das darstellen, was wir nach innen verkörpern – allein dies wird uns befähigen, magisch zu wirken. Magie wirkt zunächst einmal dadurch, dass wir an sie glauben. Allein dies wirkt – das ist bei uns Hexen nicht anders als in jedem anderen Glauben. Es ist dennoch kein einfacher Weg, Magie zu erlernen und zu handhaben.

Formen der Magie

Die Magie ist also die geheime Kunst, sich übersinnliche Kräfte durch Formeln und Riten dienstbar zu machen. Dieses Handeln hat stets eine konkrete Steuerung der sinnlichen oder übersinnlichen Welt zum Ziel. Man unterscheidet zwischen drei verschiedenen Formen:

~ Die natürliche Alchemie: Diese Form der Magie erforscht, untersucht und nutzt in scheinbar nüchterner und wissenschaftlicher Weise die geheimnisvollen Beziehungen in der Natur, die über Materielles und Rationales hinausgehen. Unter natürlicher Alchemie versteht man die Lehre von der Wandelbarkeit der Materie und ihre Vereinigung mit geheimen Kräften.

~ Die schwarze Magie: Sie wendet sich direkt an Satan und seine Dämonen. Diese Form wird meistens für Flüche (Bannen, Verfluchen, Todesmagie) sowie zur Verfolgung, zur Rache oder als Liebes- und Heilungszauber verwendet. Schwarze Magie ist wohl die am deutlichsten okkulte Form der Magie.

~ Die weiße Magie: Viele meinen, diese Form gehöre nicht zu den okkulten Praktiken. Doch das stimmt nicht. Die weiße Magie hat sich aus den beiden oben genannten als eine Art Mischform gebildet. Die „scheinchristlich-weiße Magie" verwendet die Namen der Dreieinigkeit, Bibelverse, Gebete, kirchliche Symbole, die Person der Jungfrau Maria und der Heiligen, zum Beispiel für Schutz-, Abwehr-, Heilungs- und Fruchtbarkeitszauber.

Magie im Zeichen des Mondes

Wenn im Wicca von „weißer" und „schwarzer" Magie die Rede ist, so wird die weiße als diejenige Magie bezeichnet, die während des zunehmenden Mondes stattfindet. Schwarze Magie ist hingegen die Magie des abnehmenden Mondes.

Unser Verhalten kann magisch sein – und Magisches bewirken

So simpel es klingt: Unser Verhalten kann Magisches bewirken. Sicherlich kennen Sie das Gefühl des Verliebtseins: Sie schweben auf Wolke sieben, fühlen sich rundherum wohl und akzeptiert, Ihr Selbstbewusstsein ist besonders ausgeprägt. Das zeigt natürlich auch Wirkung nach außen: Sie strahlen vor Lebensfreude und Liebeslust, verwenden all Ihre Energie darauf, um Ihren auserwählten Partner zu beeindrucken. Sie kleiden sich modisch, geben sich aufmerksam, spritzig und charmant. Schon allein dies sind unbewusst eingesetzte starke psychische Kräfte.

Der richtige Blick auf die Dinge

Magie ist nicht nur ein bestimmtes Handeln, sondern auch eine besondere Art des Erlebens und des Erkennens, wie wir alle in die schöpferischen Kräfte des Universums eingebunden sind. Es kommt auf die Sicht der Dinge an – ein Beispiel kann das am besten deutlich machen: Wenn Sie in einen Teich schauen, sehen Sie zunächst nur die Spiegelungen an der Wasseroberfläche. Erst wenn Sie Ihren Blick konzentrieren und versuchen, mehr zu erkennen, sehen Sie auch unter den Wasserspiegel. Bleibt Ihr Blick geschärft, werden Sie noch viel mehr erkennen, beispielsweise die Bewegungen von Tieren und Pflanzen, die im Wasser und auf dem Grund leben. Erst das genaue Hinschauen hat uns also die Feinheiten und die Vielfalt des Lebens im Teich eröffnet. Auch bei einem Blick in den nächtlichen Himmel kann man dieses Phänomen erleben: Zunächst sieht man beim ersten flüchtigen Blick nur die Sterne, dann erkennt man nach und nach, dass manches Licht am Himmel sich bewegt und etwa eine Sternschnuppe, ein Satellit oder ein Flugzeug ist. Ein konzentrierter Blick lässt uns vielleicht sogar den Schatten einer vorüberfliegenden Eule erkennen.

Magie bedeutet also manchmal nichts anderes als „genau hinschauen". Alles ist belebt, alles hat eine Ordnung und alles hat einen Plan. Als Menschen stehen wir zwischen Himmel und Erde. Als Hexen haben wir die Fähigkeit, dies zu beeinflussen. Der Magier bzw. die Hexe befindet sich nur auf einem höheren Bewusstseinsniveau als andere Menschen und kann deshalb mehr sehen. Der bewusste Umgang mit solchen Dingen ist – Magie.

Wie wird man eine Hexe?

Jeder Weg beginnt anders, jede(r) beschreitet ihn anders. Hexe kann man werden, Hexe kann man aber auch von Geburt an sein. Wer an sich selbst und an seine ureigene Begabung glaubt, wer die Naivität und das unbeeinflusste Handeln eines Kindes nicht verlernt hat (oder wieder erlernt), kann eine Hexe sein. Viele werden zu Hexen, weil sie sich von dem Thema Magie angezogen fühlen, weil sie sich für Esoterik und Mystik interessieren. Es gibt vielfältige Literatur zu diesem Thema. Wer sich eingelesen hat und vom Inhalt der zahlreichen Bücher angesprochen fühlt, ist wohl auf dem besten Weg, eine Hexe zu werden. Lassen Sie sich jedoch nicht darauf ein, geschriebenes Wort als das allein Richtige anzusehen. Sie sollten sich auf jeden Fall eine eigene Meinung bilden. Informieren Sie sich über alte Traditionen, nutzen Sie auch moderne Hilfsmittel wie das Internet: Hier sind zahlreiche Hexenseiten zu finden, die Sie auf den für Ihre Person richtigen Weg führen können.

Versuchen Sie ruhig, Kontakt zu Gleichgesinnten aufzunehmen. Sie werden schnell merken: Wenn Sie sich für das Thema interessieren, ergibt sich so mancher Kontakt ganz von selbst. Denn Hexen gibt es überall und sie geben sich durchaus zu erkennen. Vielleicht nicht auf den ersten Blick; aber Sie werden bald ein Gespür dafür bekommen, wer mit Magie umgeht, wer in Ihrem näheren und weiteren Umfeld eine Hexe sein könnte. Dafür müssen Sie sich nicht unbedingt einem Konvent anschließen oder selbst einen gründen.

Man kann sehr wohl als „Solitaire" arbeiten und „allein vor sich hin hexen". Manchmal allerdings ist es hilfreich, mit anderen Hexen oder Magiern Kontakt zu haben, etwa wenn Sie nicht mehr weiter wissen, wenn Sie Gedanken austauschen oder diskutieren wollen. Auch hier gilt: Moderne Hexen nutzen auch moderne technische Hilfsmittel. So mancher Kontakt kann per E-Mail entstehen. Man ist dann eine Hexe, wenn man sich dazu entschließt, den Prinzipien des Hexentums zu folgen.

Es sind dazu keine besonderen Gaben nötig. Man muss auch nicht aus einer traditionsreichen Hexenfamilie stammen. Eine Hexe vertritt gewisse Weltanschauungen und Einstellungen. Einige Grundlagen sind zum Beispiel das ganzheitliche Denken im Sinne von Miteinander und Teil-des-Ganzen-Sein, die Liebe zur Natur in all ihren Erscheinungsformen, das Prinzip der Dualität, der Selbstverantwortung, der Selbstständigkeit. Hexentum kann auch religiöse Aspekte haben: etwa den Glauben an die Kräfte der Natur, an das Göttliche in der Natur, an ein Universum, in dem jeder seinen Platz und jedes seine Ordnung hat.

Dürfen auch Männer sich als Hexen bezeichnen?

Im Englischen wird oft unterschieden zwischen „Witch" (Hexe) und „Warlock" (damit ist wohl der Begriff Hexer, also eine männliche Hexe, gemeint). Hexen haben jedoch das Prinzip der Dualität verinnerlicht: In jedem Menschen ist das männliche wie das weibliche Prinzip enthalten. Der Begriff Hexe ist also mehr eine Art Oberbegriff. Letztendlich sollte das eine jede und ein jeder für sich entscheiden. Gebräuchlich ist der Begriff „Hexe" jedenfalls für beide Geschlechter. Manchmal wird für die männliche Hexe auch die Bezeichnung Magier benutzt.

Hexenwissen: Elemente, Symbole, magische Geräte

Rundherum dreht euch so,
rundherum dreimal dein und dreimal mein;
und dreimal noch, so macht es neun.
Halt! Der Zauber ist gezogen.
SHAKESPEARE, MACBETH; DIE DREI HEXEN IM 1. AKT, 3. SZENE

Die meisten Menschen glauben entweder überhaupt nicht an Hexen oder halten sie für etwas Schlechtes und Böses. Dabei sind die meisten Hexen lediglich Anhänger einer uralten Naturreligion, die wieder entdeckt wurde und in unserer modernen Zeit ihren neuen Platz gefunden hat.

Was Sie als Hexe wissen und beachten sollten

Es gibt vielfältige Formen der Hexerei und der Hexenrituale: Manche Hexen bevorzugen prunkvolle Feste, andere halten sich eher an unscheinbare, aber dennoch sehr intensive Riten. Einige Hexen fühlen sich wohl in einem Konvent, andere suchen und finden ihren Weg allein. Hexen sind Zauberer, die Unmögliches real machen können. Sie lernen lediglich die Natur kennen und arbeiten mit ihren Kräften, nutzen diese und beleben das uralte Wissen vergangener Jahrhunderte wieder. Vier Hauptregeln halten alle Hexen ein:

~ **Die Hexenrede**. Unter Hexenrede versteht man weder Goethes „Hexen-Einmaleins" noch Shakespeares „Höllengebräu" aus „Macbeth" (siehe Anhang). Die Hexenrede besteht schlicht und einfach aus diesen acht altenglischen Worten: „An' harm it none, do as thou willt" (übersetzt etwa: „Tu, was du willst, solange es niemandem schadet"). Der Hexenrede zufolge dürfen Hexen auch sich selbst nicht schaden. Und noch eines sollten Sie beachten: Hexen betrachten Gedanken oftmals schon als Tat!

~ **Die Dreierregel.** Hexen wissen: Alle Taten kehren mit dreifacher Kraft zu ihrer Quelle zurück, im Guten wie auch im Schlechten. Eine gute Tat wird dreifach belohnt, eine schlechte Tat dreifach bestraft. Dies ist ein weiterer Grund, weswegen die meisten Hexen einen weiten Bogen um bösen Zauber und schwarze Magie machen.

~ **Dualität: die sich harmonisch ergänzenden Polaritäten.** Nach der Weltanschauung der Hexen besteht das Universum aus sich harmonisch ergänzenden Polaritäten. Polaritäten sind Gegensätze, die jedoch Harmonie bringen, wenn sie zusammenkommen. Sie entsprechen zum Beispiel den beiden Hälften des Yin-Yang-Symbols. Gegensätze beinhaltet das Wissen, dass es ohne Nacht keinen Tag geben kann; dass ohne Tod nichts geboren werden kann; dass es ohne Weiß kein Schwarz gibt. Hexen verehren die Personifizierung des männlichen und des weiblichen Prinzips, den Gott und die Göttin, die beide viele Namen und Erscheinungsformen besitzen. Sie gehen davon aus, dass es die Anderswelt gibt, eine nicht-materielle Realität, welche sie aber nicht über die materielle stellen.

~ **Die Zyklen.** Sehr wichtig sind die Zyklen der Natur im Weltbild der Hexen. Zu den wichtigsten Zyklen zählen: der Kreislauf der Jahreszeiten, der Mondzyklus (der wie der Menstruationszyklus 29 Tage dauert), der Tag- und Nachtzyklus und der Zyklus von Leben, Tod und Wiedergeburt.

> **Leben, Tod und Wiedergeburt**
>
> Die meisten Hexen glauben an die Wiedergeburt der Seele in menschlicher Gestalt. Nach dem Tod verbringen die Seelen der Toten einige Zeit im Sommerland, wo sie sich von ihrer letzten Inkarnation erholen und wo sie sich auf die nächste Inkarnation vorbereiten können. Manche Hexen glauben, dass ihre Seelen irgendwann den Kreislauf von Leben und Tod verlassen können (wenn sie erleuchtet genug sind, um in die nächste Ebene aufzusteigen). Andere glauben, dass der Kreislauf von Leben, Tod und Wiedergeburt ewig weitergeht und in sich selber ein großes Mysterium ist.

Im Prinzip lebt jede Hexe nach dem Rhythmus der Natur. Sie richtet sich an den vier alten Elementen aus und vor allem an den alten keltischen Feiertagen, die Sonnen- und Mondfeste kannten (mehr dazu in Kapitel 7).

Die vier Elemente

Die Vorstellung der vier Elemente hat nichts mit den uns heute bekannten chemischen Elementen zu tun, sondern sie stammt aus uralter Zeit. Zum ersten Mal schriftlich festgehalten hat sie Empedokles von Akragas, ein griechischer Philosoph und Arzt (um 483–423 vor unserer Zeitrechnung). Er erklärte das Werden und Vergehen in der Welt durch Mischung und Entmischung von vier veränderlichen Elementen, nämlich Luft, Feuer, Wasser und Erde. Aristoteles (384–322) postulierte daneben noch ein fünftes Element, Äther oder Geist genannt. Dieses fünfte Element nimmt eine Sonderstellung ein. Die vier Ur-Elemente kennt man in der Magie noch heute – übrigens auch in der Astrologie, denn auch die Sternzeichen werden danach eingeteilt.

Das Wissen um die vier Elemente reicht bis in Urzeiten zurück. Jahrtausende alte Menschheitserfahrungen liegen darin verborgen. „Luft, Feuer, Wasser und Erde" finden wir in fast allen Bereichen der Esoterik und natürlich auch in der Magie (siehe Tabelle unten). Sie stehen aber auch für bestimmte Charaktereigenschaften:

~ Die Luft beeinflusst den Geist und jede geistige, intuitive Arbeit – selbstverständlich auch die Arbeit einer Hexe. Luft steht als Symbol für die Erkenntnis, für abstraktes Lernen. Luft ist beweglich, nicht fassbar. So beweglich wie Luft sollten Sie als Hexe auch im Geiste sein.

~ Das Feuer steht für die Energie, für unsere Seele. Es symbolisiert die Vitalität und den Willen, bringt Heilung, aber auch Zerstörung. Es reinigt und wärmt, es kann sanftes Kerzenlicht sein, aber auch flammendes Inferno. Für Sie als Hexe symbolisiert Feuer die Macht Ihres Willens.

~ Das Wasser ist das Symbol für unser Gefühlsleben. Alle Emotionen – Liebe, Freude, Trauer, Wut, Mitleid – werden diesem Element zugeordnet, aber auch die Intuition und das Unbewusste sowie die Fruchtbarkeit. Für Sie als Hexe steht Wasser für die Intuition und die Fruchtbarkeit Ihrer Gedankenwelt, also auch für Ihre Kreativität.

~ Die Erde steht für den Körper, für Wachstum, Natur und Nahrung. Sie symbolisiert aber auch Geburt und Tod, materiellen Gewinn und Wohlstand. Als Hexe nutzen Sie die Erde als Symbol für Schutz und Materie.

In der nachstehenden Tabelle finden Sie die vier Elemente noch einmal zusammengefasst. So können Sie leicht erkennen, welche magischen Eigenschaften jedes Element hat.

Element	Luft	Feuer	Wasser	Erde
Himmelsrichtung	Osten	Süden	Westen	Norden
Tageszeit	Dämmerung	Mittag	Abend	Nacht
Jahreszeit	Frühling	Sommer	Herbst	Winter
Farben	Blau Weiß Violett	Rot Gold Orange	Grün Blau/ Blaugrün Silber	Gelb Braun Schwarz
Tierkreiszeichen	Zwillinge Waage Wassermann	Widder Schütze Löwe	Krebs Skorpion Fische	Stier Jungfrau Steinbock
Einflussbereich	Verstand	Wille	Gefühl	Materie Tatkraft
Geschlecht	männlich	männlich	weiblich	weiblich
Fabelwesen	Luftgeister: Sylphen	Feuergeister: Vogel Phönix Drache	Wassergeister: Nixen Nymphen	Erdgeister: Zwerge Elfen
Magische Geräte	Dolch Schwert	Räucherfass Zauberstab	Kelch Becher	Pentakel
Wind	Euros	Notus	Zephyros	Boreas
Sinn	Geruchssinn	Gesichtssinn	Geschmackssinn	Tastsinn
Edelstein	Topas	Feueropal	Aquamarin	Bergkristall Salz
Tarot	Schwerter	Stäbe	Kelche	Münzen/ Scheiben
Pflanzen	Eisenkraut Myrrhe Primel Schafgarbe Stiefmütterchen Veilchen Weihrauch	Hibiskus Knoblauch Nessel Roter Mohn Roter Pfeffer Senf Zwiebel	Algen alle Wasser- pflanzen Binsen Farn Lotos Moos Wasserlilien	Efeu Gerste Hafer Mais Reis Roggen Schwarzwurzel Weizen
Räucherwerk	Galbanum	Weihrauch	Myrrhe	Storax
Baum	Espe	Blühender Mandelbaum	Weide	Eiche
Tiere	Vögel, vor allem Adler und Falke	Drache Löwe Pferd	alle im Wasser lebenden Tiere	Kuh/Stier Büffel Schlange Hirsch
Göttinnen	Arcdia Cardea Urania	Brigid Hestia Vesta	Aphrodite Isis Tiamat	Ceres Demeter Gaea

Element	Luft	Feuer	Wasser	Erde
Götter	Enlil	Hephaistos	Manannan	Athos
	Merkur	Horus	Osiris	Dionysos
	Thot	Vulkanus	Neptun	Pan

Das fünfte Element

Der griechische Philosoph Aristoteles hat neben den vier Ur-Elementen noch ein fünftes erkannt. Er nannte es Äther und es symbolisiert heute den Geist – nicht unbedingt unsere intellektuellen Fähigkeiten, sondern einen allumfassenden Gedanken, durch den wir erst werden und sind. Äther/Geist symbolisiert die ständige Veränderung, die Transzendenz und die Wandlung. Auch hierfür gibt es bestimmte Eigenschaften, die in der nachstehenden Tabelle zusammengefasst sind (Quelle: Starhawk, „Der Hexenkult ..."):

Element	Geist/Äther
Richtung	Mitte und Umfang
	genau und ungefähr
Zeit	jenseits der Zeit
	Zeitlosigkeit
Jahreszeit	Das wirbelnde Rad des Jahres
Farben	durchsichtig
	weiß
	schwarz
Magisches Gerät	Hexenkessel
Sinn	Gehör
Pflanze	Mistel
Baum	blühender Mandelbaum
Tier	Sphinx
Göttinnen	Isis
	Geheimname der Göttin
Götter	Akasha
	JHVH (Jehova)

Magische Symbole

Symbole sind aus dem Hexenritual, aber auch aus unserem alltäglichen Leben nicht wegzudenken. Das Wort „Symbol" stammt vom griechischen „symbolon" und bedeutet „das Zusammengeworfene". „Ein Bild sagt mehr als tausend Worte", heißt es im Volksmund und damit wird klar ausgedrückt: Symbole sind Sinnbilder für bestimmte Eigenschaften, für Übersinnliches, aber auch für ganz konkrete Bereiche des Lebens. Licht gilt zum Beispiel als Symbol des Geistes, Wasser als Symbol des Lebens. Symbole der Herrschaft sind Krone, Zepter oder Schwert. Ein Ring ist das Symbol der Treue. Auch Farben, Gegenstände, Tiere und Pflanzen sowie Handlungen – beispielsweise im Ritual – können symbolischen Charakter haben.

Durch Symbole erlangen wir Hexen Zugang zur „Anderswelt". Es gibt unzählige magische Zeichen. Ich möchte Ihnen im Folgenden einige vorstellen, die Ihnen bei der Hexenarbeit helfen werden.

Das Pentagramm

Den Fünfstern, auch „Drudenfuß" oder „einfacher Blutstrich" genannt, gibt es in zwei Ausführungen: Aufsteigend „steht" das Pentagramm auf zwei Spitzen, absteigend zeigen die beiden Spitzen des Sterns nach oben. Der aufsteigende Fünfstern symbolisiert einerseits den Menschen, andererseits die fünf Elemente Erde und Luft, Wasser und Feuer sowie den Geist. Das aufsteigende Pentagramm ist ein uraltes Schutzzeichen. Der absteigende Fünfstern dagegen wird vor allem für destruktive magische Arbeiten verwendet, also zum Beispiel für Schadenzauber oder Flüche. Manchmal benutzt man ihn auch zum Herbeirufen elementarer Energien.

Das Hexagramm

Das Hexagramm wird auch sechszackiger Stern, Sechseck oder Salomos Siegel genannt. Es steht für die miteinander verbundenen Dreiecke des Männlichen und des Weiblichen sowie der vier alchemistischen Zeichen für Feuer, Wasser, Luft und Erde. Das Hexagramm schützt vor bösen Mächten.

Die Mondsichel

Die Sichel des Mondes gilt als Symbol für die Große Göttin.

Die Hörner

Hörner – oft auch mit einem Punkt dazwischen dargestellt – sind das Symbol des Gehörnten Gottes.

Das achtspeichige Rad

Das Rad mit acht Speichen steht für den Kreislauf des Lebens, für Tod und Wiedergeburt, für den Jahreslauf (siehe Kapitel 7).

Der Kreis

In fast allen Kulturen ist der Kreis als Symbol zu finden. Er symbolisiert die vier Himmelsrichtungen, aber auch die Erde oder die vier Elemente und auch die Vollkommenheit und Ganzheit, Anfang und Ende in einem. Der magische Kreis ist der Ort, in dem eine Hexe den Kontakt zur Anderswelt herstellt, in dem sie vor bösen Mächten sicher ist, aber auch eigene Energien entwickelt.

Das Dreieck

Das Dreieck zählt wie Kreis, Quadrat oder Kreuz zu den ältesten Symbolen der Menschheit. In der mittelalterlichen Alchemie versuchte man, mithilfe des Dreiecks Geister zu rufen und zu bannen. Das Dreieck gilt auch als Symbol für die Weiblichkeit.

Das Quadrat

Das Quadrat gehört zu den meistverwendeten Symbolen. Es versinnbildlicht die Erde und alles, was mit der Zahl Vier zu tun hat, beispielsweise die Elemente oder die Himmelsrichtungen. Magische Quadrate kennt man ebenfalls: Goethes Hexen-Einmaleins zählt dazu. Im „geheimen siebten Buch Mosis" sind zahlreiche magische Vierecke beschrieben, die als Beschwörungstafeln für Dämonen und Geister dienen sollen.

Die berühmte Sator-Formel

Die so genannte Sator-Arepo-Formel ist eine Buchstabenanordnung, die in einem magischen Quadrat vertikal von oben nach unten und umgekehrt sowie horizontal von links nach rechts und umgekehrt gelesen werden kann. Die wörtliche Übersetzung lautet:

S	A	T	O	R	= der Sämann
A	R	E	P	O	= Arepo
T	E	N	E	T	= hält
O	P	E	R	A	= mit Mühe
R	O	T	A	S	= die Räder

„Sator" übersetzt man auch mit „Urheber" oder „Schöpfer"; „opera" bedeutet auch „Hilfe" und „Unterstützung". Für „rotas" kann man auch die Begriffe „Kreis", „Wechsel" oder „Unbeständigkeit" setzen. Man verwendete die Sator-Formel als Schutz gegen alles Mögliche: Pest und Tollwut, Gift und Feuersbrunst, aber auch als Mittel zur Heilung.

Das Kreuz

Das Kreuz ist ein sehr mächtiges magisches Symbol. Die waagerechte Linie symbolisiert den Horizont, die senkrechte weist zum Himmel. Legt man ein Kreuz auf den Boden, so zeigen die Arme in die vier Himmelsrichtungen. Ein gleichseitiges Kreuz nennt man Erdkreuz, das Kreuz mit einem längeren Schenkel gilt als Abbild des Menschen. Kreuze sollen helfen, böse Geister, Dämonen und Hexen zu bannen und Krankheiten zu heilen.

Die Lemniskate

Als Lemniskate wird die liegende Acht bezeichnet. Sie ist das Symbol für Unendlichkeit, Ewigkeit.

Zahlen

Babylon gilt als Ort der Erfindung der Zahlensymbolik. Auch im alten Ägypten wurden Theorien über die Bedeutung von Zahlen aufgestellt. Für die Anhänger der altjüdischen Kabbala waren – ebenso wie für die Gelehrten des Altertums oder des christlichen Mittelalters – Zahlen von besonderer Bedeutung. Traditionsgemäß bedeuten die wichtigsten Zahlen:

~ Eins: Sonne; Sonntag; Stärke und Individualität. Das Absolute, das Ewige, die Reinheit und Unschuld
~ Zwei: Mond; Montag; zum einen die Verdopplung und das Gleichgewicht, auch die Verbindung. Zum anderen Trennung und Streit
~ Drei: Jupiter; Donnerstag; Tatkraft und Disziplin, Ganzheit und Glaube, Liebe und Hoffnung
~ Vier: Uranus; Sonntag; Beständigkeit, Ordnung, Ganzheit der Welt
~ Fünf: Merkur; Mittwoch; Lebhaftigkeit und Sinnlichkeit, Liebe, Gesundheit, Natur

~ Sechs: Venus; Freitag; Harmonie und Häuslichkeit, Vereinigung von Oben und Unten, von Himmel und Erde
~ Sieben: Neptun; Montag; die magische Zahl; Philosophie und Intuition, Reisen
~ Acht: Saturn; Samstag; Willenskraft und Individualität, Neuanfang und Vollendung
~ Neun: Mars; Dienstag; Aktivität, Entschlossenheit, Vollkommenheit
~ Zehn: die Zahl des Universums, des ganzen menschlichen Lebens; auch die Zahl der Gesetze
~ Elf: das Überwinden von Gegensätzen, die Zahl des mystischen Bewusstseins
~ Zwölf: Geschlossenheit
~ Dreizehn: Unglück und schwarze Magie, aber auch positive Kraft

Das Handwerkszeug einer Hexe

Hexen haben – ich erwähnte es schon – keine festen Vorschriften, nach denen sie sich richten müssen. Jeder Hexe bleibt es selbst überlassen, welche Geräte sie benutzen möchte. Im Laufe der Zeit jedoch haben sich bestimmte magische Geräte als nützlich erwiesen: zum Teil, weil sie einfach die praktische Arbeit erleichtern, zum Teil aber auch, weil ihre Symbolkraft enorme Wirkung hat. Einige magische Geräte sind besonders wichtig: Schwert (oder Dolch), Stab, Kelch und Scheibe. Unerlässlich ist meiner Meinung nach auch das Licht einer oder mehrerer Kerzen. Es bleibt natürlich jedem selbst überlassen, was er oder sie verwenden möchte. Es gibt durchaus Hexen, die gar kein „Handwerkszeug" benutzen. Wenn möglich, sollte man seine magischen Geräte selbst herstellen oder – wenn das nicht geht – wenigstens selbst mit Symbolen, Farben oder Schmuckelementen verzieren.

Das Schwert oder der Dolch

Ein Schwert oder einen Dolch stellt man nicht selbst her. Auch wenn man Ritualschwerter kaufen kann – für den alltäglichen Gebrauch und vor allem für die Hexenkunst zu Hause sind sie weniger geeignet. Ein Dolch (keltisch-englisch: „athame") ist der gleichwertige Ersatz für das rituelle magische Schwert. Dieses magische Messer dient nicht dazu, etwas zu schneiden, sondern man leitet damit Energien wie mit dem Zauberstab. Der Dolch ist also eher ein Instrument, um magische Kräfte zu manipulieren und zu leiten. Er sollte stumpf, doppelschneidig mit einem schwarzen oder dunklen Griff sein, denn die schwarze Farbe absorbiert Kräfte. Sie müssen sich übrigens keinen echten Dolch zulegen – Sie wissen doch: In der Hexenkunst spielt die Vorstellungskraft eine wichtige Rolle. Wenn Sie einen antiken Brieföffner Ihr Eigen nennen, der Ihnen aus irgendeinem Grund ans Herz gewachsen ist, wird Ihre magische Arbeit ebenso gut funktionieren. Ihr „Dolch" sollte jedoch auf jeden Fall mit der Farbe Rot in Zusammenhang stehen. Vielleicht verzieren Sie ihn mit einem roten Seidenband um den Griff oder mit roten Symbolen auf der Schneide. Der Dolch gehört zum Element Luft: Seine schneidende Schärfe entspricht dem messerscharfen Verstand, mit dem Sie Ihre Arbeit ausführen.

Der Zauberstab

Ebenso wie der Dolch wird der Zauberstab (keltisch-englisch: „wand") dazu benutzt, um Energien zu leiten, um magische Symbole oder einen Kreis auf den Boden zu malen. Einen Zauberstab können Sie sich problemlos selbst anfertigen. Üblicherweise verwendet man dafür Holz von Weide, Holunder, Eiche, Apfelbaum, Pfirsichbaum, Haselnuss oder Kirschbaum. Aber auch andere heimische Hölzer sind dafür geeignet. Der Zauberstab hat üblicherweise eine Länge, die dem Abstand vom Ellenbogen bis zur Fingerspitze entspricht. Man kann ihn ganz nach eigenen Vorstellungen verzieren: vielleicht mit einer Spitze aus einem Mineral, vielleicht mit einem besonderen Stein oder mit einem Pinienzapfen. Zwar ist diese Verzierung nicht notwendig, aber sie macht den Stab zu Ihrem ganz persönlichen Stück, das mit Ihrer Energie aufgeladen ist. Vielleicht verzieren Sie das Holz auch mit aufgemalten oder eingeschnitzten Symbolen. Verwenden Sie möglichst die Farbe Gelb. Der Stab wird durch das Element Feuer gekennzeichnet: Seine Energie entspricht Ihrem unbeugsamen Willen, magisch zu wirken.

Der Kelch

Der Kelch (keltisch-englisch: „chalice") ist eigentlich nichts anderes als eine Schale auf einem Stiel. Einen Kelch wird man selten selbst herstellen, aber es gibt natürlich fast unzählige Möglichkeiten, wie Sie Ihren ganz persönlichen Kelch finden: Das kann ein besonders schönes Glas aus Ihrem Haushalt sein oder ein Pokal aus Silber, Messing, Gold, Ton, Speckstein, Alabaster, Kristall oder einem anderen Material. Achten Sie darauf, dass die Farbe Grün irgendwo auf dem Kelch vorkommt. Der Kelch wird oft mit Wasser oder einem anderen rituellen Getränk gefüllt. Er ist das Symbol für das Element Wasser. Für Sie als Hexe entspricht dies Ihrem Gefühl und Ihrer Intuition, die Sie bei der magischen Arbeit anwenden.

Das Pentakel

Das Pentakel (keltisch-englisch: „pentacle") ist leicht selbst herzustellen. Es besteht normalerweise aus einem flachen Stück Messing, Gold, Silber, Holz, Wachs oder Ton. Dieses wird mit diversen Symbolen beschriftet. Das einzig wichtige Symbol allerdings ist das des Pentagramms, des Fünfsterns. Das Pentagramm nennt man auch „Drudenfuß" und es ist ein starkes Schutzzeichen. Deshalb findet man es oft auf Amuletten, in Zauberformeln und auf vielen rituellen Objekten. Das Pentakel können Sie beispielsweise aus einer Holzscheibe herstellen. Vielleicht brennen Sie das Pentagramm dann mit einer erhitzten Stricknadel ein. Oder Sie verwenden eine Scheibe aus Kupfer (gibt es in Bastelgeschäften) und ritzen die magischen Symbole mit einem Nagel ein. Man kann sein Pentakel ebenso gut aus festem Karton anfertigen, aber auch ein flacher Stein ist geeignet. Achten Sie darauf, dass die Farbe Blau vorkommt: Vielleicht malen Sie das Pentagramm in dieser Farbe auf. Das Pentakel ist Symbol für das Element Erde: Für Sie als Hexe steht es erstens für Schutz vor bösen Mächten, aber auch für die Materie, die Sie durch Ihre Tatkraft bewegen möchten.

Die vier wichtigsten magischen Geräte und ihre Symbolik sehen Sie hier auf einen Blick (nach Frater Widar):

Schwert/Dolch	Stab	Kelch	Pentakel
Luft	Feuer	Wasser	Erde
Verstand	Wille	Gefühl	Materie/Tat
Morgen	Mittag	Abend	Nacht
Osten	Süden	Westen	Norden
Frühling	Sommer	Herbst	Winter
Rot	Gelb	Grün	Blau

Ein Platz für magische Arbeit: der Altar

Am Altar führen Sie Ihre Meditationen und natürlich auch Ihre Rituale durch. Sie müssen ihn nicht an einer bestimmten Stelle installiert haben: Der Altar kann durchaus „transportabel" sein. Vielleicht richten Sie sich einen kleinen Tisch aus Holz ein; es kann aber auch einfach nur eine stabile Holzkiste sein. Wer im Freien arbeitet, kann auch einen großen, flachen Stein oder einen Baumstumpf als Altarfläche verwenden. Die Fläche sollte jedenfalls so groß sein, dass Sie darauf Ihre magischen Geräte und auch ein paar Kerzen unterbringen können. Den Altar können Sie ganz

> nach Ihren Vorstellungen gestalten: am besten eher schlicht, nur mit einem möglichst dunklen Seidentuch bedeckt, denn Sie möchten ja, dass die dunkle Farbe die Energien absorbiert, die der Mond und natürlich Sie selbst abgeben. Sie können den Altar aber auch prächtig schmücken und mit vielen Symbolen und magischen Zeichen versehen. Die Gestaltung sollte Ihre Persönlichkeit ausdrücken und Ihrem Charakter, aber auch dem jeweiligen Ritual entsprechen.

Neben den vier magischen Grundgeräten gibt es natürlich noch zahlreiche andere magische Handwerkszeuge. Einige möchte ich Ihnen im Folgenden noch vorstellen:

Kerzen

Das Licht einer Kerze oder mehrerer Kerzen symbolisiert das Feuer – also die Energie und unseren Willen. Außerdem sorgen Kerzen für eine stimmungsvolle Atmosphäre. Man kann Kerzen einer bestimmten Farbe anzünden – zum Beispiel rote Kerzen bei einem Liebesritual, blaue bei einem Ritual für Erfolg, grüne für Geld und materiellen Wohlstand, gelbe für Gesundheit und Heilung, schwarze bei einem Schutz- und weiße bei einem Reinigungsritual. Wenn Sie mögen, können Sie die Kerzen auch noch verzieren, indem Sie magische Symbole ins Wachs ritzen oder aufmalen. Der Blick in die flackernde Kerzenflamme kann nicht nur eine ruhige Atmosphäre herstellen, sondern hilft Ihnen auch dabei, sich in Meditation zu versenken. Wenn Sie Ihr Ritual in freier Natur ausführen wollen, empfiehlt es sich, Windlichter mit Kerzen bereitzustellen.

Der Besen

Den Besen (keltisch-englisch: „besom", „broom") benutzt man, um vor Beginn eines Rituals die Umgebung (symbolisch) zu reinigen. Er ist nützlich für Wasser- und Liebeszauber und für psychologische Arbeiten. Einen Besen kann man leicht herstellen: Binden Sie um einen Stab, beispielsweise aus Eschenholz, Birken- und Weidenzweige. Sie sollten stets Zweige und Ruten von heimischen Bäumen benutzen. Wenn Sie einen Besen kaufen, wählen Sie lieber einen runden als einen flachen. Ich selbst benutze einen winzig kleinen Besen aus Stroh, den ich symbolisch einsetze, um vor dem Ritual meinen Altar zu reinigen.

Die Glocke

Der Klang einer Glocke – ganz gleich, welche Größe sie hat – verursacht Vibrationen. Diese haben gute Wirkung gegen böse Einflüsse. Eine Glocke kann man benutzen, um die Elemente anzurufen. Statt einer Glocke können Sie auch Klangschalen verwenden.

Der Kessel

Der Kessel (keltisch-englisch: „cauldron") sollte aus Eisen bestehen und auf drei Beinen stehen. Der obere Rand sollte einen geringeren Durchmesser haben als der Kessel selber. Es ist nicht einfach, solch einen Kessel zu bekommen. Der „Kessel der Cerridwen" war das Symbol eines besonderen Ordens im alten Britannien, der bei Festen seine mysteriösen Gesänge vortrug. Der Volksaberglaube hat ihn zum Kessel der Hexenküche stilisiert. Wer jedoch mit magischen Lebensmitteln (siehe auch Kapitel 5) arbeitet, wird merken: Es kommt eher auf die Zusammenstellung der Lebensmittel und Kräuter an und auf die magische Kraft, die Sie bei der Zubereitung an den Tag legen. Manche Hexen benutzen den Kessel auch, um darin ein rituelles Feuer zu entzünden.

Die Kristallkugel

Die Kugel aus Kristallglas ist – nach alter Überlieferung – das wichtigste Werkzeug zum Wahrsagen (siehe auch Kapitel 6). Und das Arbeiten mit einer Kristallkugel setzt zumindest Fähigkeiten im Bereich der Meditation voraus. Man darf nicht erwarten, schon beim ersten Blick alles Mögliche in Vergangenheit, Gegenwart und Zukunft zu sehen. Prinzipiell hilft eine Kristallkugel bei der Versenkung in sich selbst.

Das Räucherfass

Das Räucherfass (keltisch-englisch: „censer") benutzt man, um Weihrauch und anderes Räucherwerk zu verbrennen. Man kann auch in einer Schüssel oder Tasse räuchern, die mit Salz oder Sand gefüllt ist. Die entstehende Hitze wird vom Salz oder vom Sand aufgenommen und bewahrt das Gefäß davor zu zerbrechen. Man kann Weihrauchkegel oder Weihrauchsticks verbrennen. Ich bevorzuge granulierten Weihrauch, den ich auf Feuersand entzünde. Manchmal verwende ich auch normale Räucherstäbchen.

Der Mörser

Samen, Nüsse, Gewürze und Kräuter werden in einem Mörser fein zerrieben. Den Mörser um die Pflanzenteile zu zerkleinern und dann in einer Räucherschale zu verbrennen.

Der Ritualstab

Der Stab (keltisch-englisch: „staff") sollte etwa schulterhoch sein. Man kann ihn mit Symbolen, Steinen und Federn verzieren, ähnlich wie den Zauberstab. Auch der Ritualstab kann dazu benutzt werden, um Geister zu rufen, um einen magischen Kreis zu ziehen oder Kräfte auf sich zu lenken. Mir selbst genügt der kleine Zauberstab für die magische Arbeit.

Hexenwissen:
Sabbat, magischer Kreis, Ritual

Durch Zauber tönen luft'ge Weisen;
Auf! Tanzt in vielverschlung'nen Kreisen.
Der König soll uns Lob gewähren,
Sein Kommen wussten wir zu ehren.
SHAKESPEARE, MACBETH, 4. AKT, 1. SZENE

Insgesamt kennen wir Hexen acht große Feste im Jahreslauf, die so genannten Hexensabbate (siehe ausführlich in Kapitel 7). Sie werden bemerken, dass diese Feiertage zeitlich sehr eng mit christlichen Festen zusammenhängen. Zum Teil wurden sie sogar nur um zwölf Stunden verschoben. Das hat seinen Grund: Unsere Hexenfeste gehen auf sehr alte Traditionen zurück – zum Teil bis in die Urzeit. Und sie entstanden aus der Beobachtung der Natur. Der Kirche gelang es nicht, den alten Glauben völlig auszumerzen. Auch das Kirchenjahr orientiert sich ja in gewisser Weise am ewigen natürlichen Kreislauf. Um den christlichen Glauben leichter durchzusetzen, übernahm die Kirche heidnisches Brauchtum. Man orientierte sich jedoch nicht mehr am alten Mondkalender (der allerdings bei den Bauern dennoch bis in unsere Zeit hinein gilt), sondern am Stand der Sonne. So erklärt sich auch die Verschiebung um einen halben Tag: Man feierte nicht mehr die Nacht und den Mond, sondern den Tag und die Sonne.

Die wichtigsten Hexenfeiertage

Natürlich feiern auch wir Hexen die Sonne und ihre Leben spendende Kraft. Aber der Mond und seine geheimnisvollen Energien sind uns ebenso wichtig. Die acht Hexensabbate sind:

- Samhain – 31. Oktober – Halloween: das Neujahrsfest der Hexen. Wir danken den Mächten für ihr Wohlwollen und ihren Beistand.
- Wintersonnenwende – 21. Dezember – Jul: die dunkelste und längste Nacht des Jahres. Die Sonne wird wieder geboren. Wir feiern die Geburt der Göttin Lucina.
- Lichtmess – 2. Februar – Candlemas, Imbolc (Initiation): der Höhepunkt zwischen Wintersonnenwende und der Frühlingstagundnachtgleiche. Wir feiern das zunehmende Licht. Wer einem Konvent angehört, erlebt oft jetzt seine Initiation.
- Frühlingstagundnachtgleiche – 21. März – Ostara: Jetzt sind Tag und Nacht gleich lang. Von diesem Tage an werden die Tage nach der langen Winterzeit wieder länger als die Nacht. Wir feiern den Tod und die Fruchtbarkeit.
- Walpurgisnacht – 30. April/1. Mai – Beltane, Betain: Wir feiern die Vereinigung von Gegensätzen. Die Göttin und der Gott vereinen sich.
- Sommersonnenwende – 21. Juni – Litha, Grian-Stad: der längste Tag des Jahres; ab jetzt werden die Tage wieder kürzer. Wir feiern die Sonne.
- Lammas – 2. August – Lughnasad: einer der größten Hexensabbate. Wir feiern das Fest des Überflusses.
- Herbsttagundnachtgleiche – 21. September – Mabon: der Tag, an dem die Hexen den Mächten für ihren Schutz und ihre Begleitung danken.

Die Initiation einer Hexe

Innerhalb eines Konvents entscheiden Ihre Mit-Hexen, ob Sie schon bereit sind, voll und ganz in der magischen Arbeit aufzugehen und eine Hexe zu werden. Die Initiation ist nichts anderes als eine Art Prüfung – bei der Sie jedoch keine Aufgaben lösen müssen. Die Initiation stellt eher den Übergang in ein neues Bewusstsein und eine damit verbundene innere Wandlung dar. Je nach magischer Richtung werden Initiationen im Konvent in großen Ritualen gefeiert. Dabei werden dann magische Grade, Titel und geheime Hexennamen verliehen. Früher wurden die Hexennovizen am Imbolc – dem 2. Februar – initiiert.

Wenn Sie als Solitaire – also als Einzelhexe – arbeiten, werden Sie Ihre Initiation selbst erspüren: Vielleicht träumen Sie von einer Prüfung, die Sie bestehen. Oder von einem Tor, das Sie durchschreiten. Wenn Sie sich mit Ihrem Unbewussten beschäftigen, werden Sie selbst merken, wann Sie sich innerlich so weit gewandelt und neu gefestigt haben, dass Sie sich jetzt eine Hexe nennen können. Das Leben im Einklang mit sich selbst ist in jedem Fall der richtige Weg – und auch das Ziel.

Ein wichtiger Schritt: die Selbstweihe

Wer sich keinem Hexenkonvent angeschlossen hat, wird naturgemäß auch keine Initiation im großen Ritual (meist an Imbolc, also am 1./2. Februar) erleben. Doch jede Hexe kann sich selbst weihen. Wenn Sie sich mit dem Hexentum, mit Magie und magischer Arbeit beschäftigen, wird ganz automatisch irgendwann der Zeitpunkt kommen, an dem Sie bereit sind, diesen Schritt zu tun. Sie sollten einige Dinge jedoch vorher schon wissen:
~ wie man den magischen Kreis zieht und wie man die Himmelsrichtungen und die Elemente anruft, um ihn zu segnen,
~ welche magischen Geräte Sie verwenden wollen und wie Sie Ihren Altar gerade für die Initiation gestalten und schmücken,
~ wo Sie Ihre Hexenweihe ausführen wollen.

Meist wird die Weihe während der Nacht stattfinden. Wenn Sie sich bereit fühlen, wählen Sie vielleicht die nächste sternenklare Vollmondnacht aus. Stimmen Sie sich ein – mit einem entspannenden Bad, dem Sie reinigende Kräuter zusetzen. Gehen Sie erfrischt ans Werk und bereiten Sie einen kleinen Imbiss und einen Ritualwein vor. Viele Hexen sind allerdings der Überzeugung, dass man am Tag der Weihe fasten sollte.

Vielleicht wählen Sie für Ihre Initiation einen Platz in freier Natur. Sie schlagen bei diesem Ritual keinen magischen Kreis, sondern versenken sich in Meditation. Rufen Sie die Himmelsrichtungen und die Elemente an und bitten Sie diese um Hilfe. Sie werden Ihnen beistehen – und Ihnen auch bei der Wahl Ihres geheimen Namens helfen. Geben Sie sich das Versprechen, sich vor allem an die Hauptregel der Hexenkunst zu halten: dass Sie nämlich niemandem Schaden zufügen wollen. Sie werden spüren, wann Ihre Zeit gekommen ist, wann die Elemente und der Kosmos Sie als Hexe akzeptieren und aufnehmen. Dann danken Sie, bleiben entspannt und feiern für sich allein ein kleines Fest – mit den Speisen, die Sie vorher zubereitet haben, und mit Ritualwein.

Ihr geheimer Name

Überlegen Sie sich vor der Initiation schon, welchen geheimen Namen Sie annehmen möchten. Am besten denken Sie sich mehrere Hexennamen aus. Während Ihrer Selbstweihe wird Ihnen dann bewusst werden, welches der richtige und allein Ihnen gehörende Name ist. Vielleicht wählen Sie eine Abkürzung, ein Anagramm oder eine alte Fassung Ihres „echten" Namens. Oder einen Spitznamen, einen Begriff aus der Hexengeschichte, aus Sage oder Märchen. Auch die Bezeichnung für einen Edelstein, für eine Pflanze, einen Baum, ja sogar ein Tier ist möglich.

Der magische Kreis

Bei allen größeren Arbeiten in der Hexenkunst wird der magische Kreis verwendet. Er hat zwei Funktionen: Zum einen schützt er die Hexe vor schlechten und bösen Energien, die durch die Ausübung der Magie angezogen werden können. Und zum anderen ist er ein Symbol für jene „Zwischenwelt", in der wir uns bei der magischen Arbeit bewegen, also für jene Welt, die zwischen unserer Realität und den überirdischen Mächten existiert.

Wicca-Rituale werden grundsätzlich in einem Kreis durchgeführt. Dieser Kreis gilt als ein von der Alltagswelt losgelöster und geheiligter Raum. Der magische Kreis muss nicht unbedingt eine exakte Kreisform aufweisen. Er kann durchaus beliebige andere, jedoch zweckmäßige Formen haben. Die einzige Bedingung, die er erfüllen muss: Alle Teilnehmer des Rituals müssen in ihm Platz finden. Wenn Sie also allein arbeiten, wird der Kreis etwa so groß sein, dass Sie sich darin bequem vor Ihren Altar setzen können.

Zunächst wird der Kreis physisch (mit dem Besen) und magisch (durch Salz und Wasser) gereinigt. In dem so hergestellten Raum kann dann das Ritual durchgeführt werden. Es ist völlig gleichgültig, ob sich der Kreis in der freien Natur oder in einem Raum befindet. Viele Hexen bevorzugen allerdings das Ritual in der freien Natur, zum Beispiel auf einer Waldlichtung, in der Nähe alter Bäume oder an einem anderen geschützt liegenden geeigneten Platz. Besonders zu Vollmond, Neumond, Beltane, Mittsommer und Lughnasad vermitteln Rituale in freier Natur einen besonders tiefen Eindruck.

Wie man den magischen Kreis zieht

Der magische Kreis ist eine sorgfältig markierte Fläche, in deren Schutz Hexen Dämonen beschwören können, ohne dabei sich selbst zu gefährden. Der Kreis kann mit Holzkohle oder Kreide gezeichnet oder mit einem Schwert (Dolch), einem Hexenmesser oder einem Zauberstab in den Boden gezogen werden. Der Kreis wird im Uhrzeigersinn gezogen, wenn man ihn nicht für schwarze Magie benötigt; im anderen Fall zieht man ihn entgegen dem Uhrzeigersinn.

Die Hexe tritt dann in den Kreis ein und „schließt" ihn sorgfältig hinter sich. Ist der magische Kreis vorschriftsmäßig gezogen, dann kann kein übel wollender Geist eindringen und denjenigen bedrohen, der innerhalb des Kreises steht. In der Kreismitte steht der Altar. Man kann auch Kerzen anzünden, Räucherwerk verbrennen und Sprechgesänge anstimmen, um die Erfolgschancen zu verbessern. Innerhalb des Kreises wird dann das Ritual (siehe unten) ausgeführt. Die überlieferte Hexenkunst warnt Magier und Hexen vor allen Verlockungen, den Schutz des magischen Kreises zu verlassen, ehe die einmal begonnene Zeremonie beendet ist.

Der Kreis für ein großes Ritual

Wer mit seinem Zauber besonders große Wirkung erzielen will, sollte darauf achten, zwei Kreise zu ziehen: Im inneren Kreis steht dann der Altar, vor dem man sitzt oder steht. Zwischen die Linien des inneren und äußeren Kreises stellt man verschiedene Gegenstände und Substanzen mit magischen Eigenschaften, um die Sperre gegen jegliche bösen Kräfte zu verstärken. Hierzu eignen sich Schüsseln mit Wasser, Kreuze und Kruzifixe sowie verschiedene Kräuter, die das Böse fern halten. Auch Zettel mit magischen Namen werden in den Zwischenkreis gelegt. Allgemein anerkannt sind zum Beispiel die vier magisch wirksamen Namen des Schöpfers des Universums: Tetragrammaton (zwischen Osten und Süden geschrieben), Eheyt (zwischen Süden und Westen), Elijon (zwischen Westen und Norden) und Eloha (zwischen Norden und Osten).

Die Mondphasen und die magische Arbeit

Vollmond fördert magische Arbeit

Rituale werden nicht nur an den acht Hexensabbaten durchgeführt, sondern auch bei jedem Vollmond. Vollmondrituale nennt man auch Esbat.

Der zunehmende Mond

Der zunehmende Mond ist die beste Zeit für positive oder weiße Magie. Die Scheibe des Mondes wird größer und runder – das bedeutet: Die jetzt ausgeübte Magie bringt uns etwas. Beispiele positiver Magie sind:
~ ein Zauber, der uns bei der Arbeitssuche hilft,
~ ein Zauber, der uns bei der Partnersuche hilft,
~ ein Zauber, der das Getreidewachstum fördert,
~ ein Fruchtbarkeitszauber,
~ ein Zauber, der uns neue Energie, neuen Mut gibt.

Der abnehmende Mond

Der abnehmende Mond ist die beste Zeit für negative oder schwarze Magie. Die Scheibe des Mondes verringert sich wieder – bis hin zur schmalen Sichel. Das bedeutet: Diese Magie hilft uns, etwas loszuwerden. Beispiele negativer Magie sind:
~ ein Zauber, der hilft, sich von einer Sucht (zum Beispiel Rauchen) oder schlechten Angewohnheiten zu befreien,
~ ein Zauber, der hilft, überflüssige Pfunde zu verlieren,
~ ein Zauber, der hilft, sich einen Feind vom Leibe zu halten.

Der Neumond

Die Neumondnacht ist für Zauber jeder Art tabu, denn Sonne und Mond stehen zu diesem Zeitpunkt in demselben Haus. Keine Hexe kann also ganz sicher sein, dass ein Zauberspruch nicht in sein Gegenteil umschlägt. Nach alter Überlieferung wird die Neumondnacht jedoch für schwarze Magie genutzt.

> **Visualisieren: unsere bildliche Vorstellungskraft**
>
> Jede Hexe muss lernen, allein zu meditieren und vor allem zu visualisieren. Darunter versteht man das bildliche Vorstellungsvermögen. Wenn Sie in der magischen Arbeit beim Ausführen des Rituals sind, visualisieren Sie bereits ganz zum Beginn: bei der Anrufung der vier Himmelsrichtungen und der vier Elemente. Visualisieren kann man nicht auf Anhieb – man muss es immer wieder üben. Am besten tun Sie das an einem ruhigen Ort. Seien Sie entspannt und locker. Vielleicht hilft Ihnen Musik dabei oder eine CD mit bestimmten Geräuschen, wie etwa der Wellenschlag des Meeres am Strand, das Plätschern des Wassers, das Gezwitscher von Vögeln im Wald. Anfangs ist es sicher leichter, Visualisierungen im entspannten Liegen auszuprobieren. Später werden Sie die Bilder in Ihrer Vorstellung dann auch im Sitzen und Stehen „abrufen" können. Beginnen Sie mit ganz einfachen Bildern, am besten sogar nur mit Farben: Rufen Sie sich eine weiße Wand vor Ihr inneres Auge und füllen Sie die Fläche mit Blau, Rot, Gelb oder Grün, mit Schwarz, Violett oder Orange. Der nächste Schritt ist die Vorstellung von Gegenständen: vielleicht zunächst geometrische Formen wie Dreieck und Viereck, dann Formen wie Kreise, Ovale oder Spiralen. Schritt für Schritt gehen Sie dann zu komplexeren Bildern über.

Die Weihe der magischen Geräte

Bevor Sie ein Hexenritual ausführen können, müssen Sie Ihre magischen Geräte (siehe Kapitel 1) weihen. Das sollten Sie am besten in einer klaren Vollmondnacht tun.

Setzen Sie sich bequem hin, und zwar so, dass Ihr Gesicht dem Mond zugewandt ist. Es wäre gut, wenn Sie direkt im Mondlicht sitzen könnten, also am offenen Fenster, auf dem Balkon oder im Garten. Bei der Weihe Ihres Handwerkszeugs sollten Sie mit Räucherwerk arbeiten. Empfehlenswert sind Weihrauch oder Sandelholz. Außerdem sollten Sie eine nicht zu kleine Schüssel mit Wasser füllen und ebenfalls ins Mondlicht stellen. Die Wasseroberfläche verstärkt das Licht und damit die Kraft des Mondes. Und so gehen Sie weiter vor:

~ Versetzen Sie sich in die richtige Stimmung. Denken Sie daran, dass Sie dem Mond und der Kraft seiner alten Göttinnen vertrauen wollen und in Zukunft auf sie bauen werden.

~ Entzünden Sie das Räucherwerk. Wenn es Ihnen hilft, sich zu entspannen, lassen Sie im Hintergrund leise Musik laufen, die Ihnen angenehm ist und die Sie in die richtige Stimmung versetzt. Ich selbst versuche mich allerdings eher auf die Geräusche der Natur zu konzentrieren: das Rauschen der Blätter, das Plätschern des Baches an meinem Haus, den Wind in den Bäumen. Wer jedoch mitten in der Stadt wohnt, kann sich durchaus mit Entspannungsmusik behelfen.

~ Schauen Sie auf die große, runde Scheibe des Mondes. Versuchen Sie, sein Licht „einzufangen" und auf sich und Ihren Altar zu lenken.

~ Nehmen Sie nun die vier wichtigsten magischen Geräte nacheinander in die Hand: den Dolch, den Zauberstab, den Kelch und das Pentakel.

~ Den Stab in Händen über dem Wasser haltend vertrauen Sie ihn dem Licht und der Kraft des Mondes an. Sprechen Sie dabei etwa folgende Worte: „Du bist das Symbol meiner magischen Macht. Du bist das Symbol meines Willens." Lassen Sie

diese Worte auf Ihr Unterbewusstsein einwirken, geben Sie einige Tropfen Wasser auf den Stab und lassen Sie es ins Holz einwirken. Legen Sie den Stab dann ins Mondlicht auf den Altar.
~ Genauso verfahren Sie mit dem Pentakel, dem Dolch und dem Kelch.
~ Danach sollten Sie noch nach Möglichkeit ein wenig im Mondlicht verweilen und den alten Göttern (oder Luna selbst) für ihre Hilfe danken.

Damit ist die Weihe Ihrer magischen Geräte beendet.

Das Hexenritual

Außer den durch das Jahresrad festgelegten Festen und die durch die Mondphasen fixierten Rituale können natürlich jederzeit weitere Rituale durchgeführt werden, wenn Sie einen Anlass dazu haben. Rituale kann man höchst unterschiedlich gestalten: In einem Hexenkonvent wird manchmal ein großes Fest gefeiert, an dem möglichst viele Hexen teilnehmen. Andere Hexensabbate dagegen begeht man eher still und versinkt gemeinsam in Meditation.

Wenn Sie als Solitaire arbeiten und leben, werden Sie nach und nach ebenfalls für die großen Festtage im Jahr, aber auch für die einzelnen Mondphasen unterschiedliche Rituale entwickeln. Verlassen Sie sich dabei ganz auf Ihre Intuition – und natürlich darauf, was Sie mit Ihrem Ritual erreichen wollen:
~ Möchten Sie einfach nur feiern?
~ Oder lieber in Meditation versinken?
~ Suchen Sie nach der Lösung für ein persönliches Problem?
~ Wollen Sie Ihre Energien gegen Krankheit oder negative Einflüsse stärken?
~ Haben Sie vor, durch Ihre Energien Ihren persönlichen Wohlstand zu mehren?
~ Planen Sie einen Schutzzauber für Ihr Haus, Ihre Wohnung?
~ Wollen Sie Ihre Liebesbeziehung stärken? Oder wollen Sie sich von einem ehemaligen Partner auch innerlich endlich lösen?

Was Hexenrituale nicht sind

Manche stellen sich unter einem Hexenritual wild durcheinander hüpfende, kreischende Frauen vor, die einen Dämon beschwören wollen. Doch dem ist ganz und gar nicht so. Ein Ritual ist eine Zeremonie, die darauf abzielt, bestimmte spirituelle und magische Effekte herbeizuführen. Man sagt Hexenritualen auch nach, dass dabei wahre Orgien gefeiert würden. Das stimmt nicht und ist übrigens auch niemals so gewesen. Ursprünglich hatten manche Rituale, vor allem an Beltane (30. April), zwar einen sexuellen Hintergrund: Man feierte die Wiederkehr des Frühlings. Dabei legte man eheliche Bande ab. Dies war jedoch im überlieferten Brauchtum ganzer Völker verankert. Die Griechen kannten die Dionysien und die Feste des Hirtengottes Pan, die Römer die Luperkalien und die Saturnalien. Dabei gab es stets zügellose Ausschweifungen. Und bis in unsere Zeit hat sich der Karneval erhalten. Im echten Hexenglauben jedoch wird man zu nichts gezwungen – auch nicht zu angeblichen Orgien.

Es gibt im Hexenglauben keine festgeschriebenen Rituale. Allerdings hat sich im Lauf der Zeit eine Grundstruktur herausgebildet. Sie wird aber in jedem Konvent und von jeder Hexe abgewandelt. Und ganz gewiss werden in Ritualen keine Dämonen beschworen, um der Menschheit den Weltuntergang zu bescheren.

Die Grundstruktur eines Rituals

Ich möchte nun ein Basisritual vorstellen, das ich selbst in Vollmondnächten und beim Hexensabbat anwende und für meine Bedürfnisse variiere. Die etwas nüchtern klingende Beschreibung kann Ihnen nicht die Stimmung eines Rituals vermitteln. Aber sie wird Ihnen den eigenen Weg zu Ihrem persönlichen Ritual erleichtern. Sie sollten eigene Worte finden, um Ihr persönliches Ritual abzuhalten und Ihre Wünsche und Ziele zu verwirklichen. Wicca hat zwar sehr alte Wurzeln, ist jedoch eine junge Religion – und sie zwingt niemanden zu irgendetwas. Entwickeln Sie eigene Riten, eigene Gebete, eigene Meditationen. Nur wenn Sie mit sich selbst und der höheren Macht in Einklang stehen, werden Sie Erfolge verzeichnen.

Halten Sie sich beim Entwerfen eines Rituals immer vor Augen, dass Ihr Unterbewusstsein angesprochen werden soll. Beim ersten Besuch in einem Konvent oder bei der Lektüre entsprechender Literatur findet man sich meist mit einem gewissen Pathos bei den üblichen Anrufungen der Gottheiten konfrontiert. Zunächst mag Ihnen das merkwürdig, sogar lächerlich vorkommen. Aber jeder muss seinen Weg selbst gehen: Vielleicht fällt es Ihnen – wie mir – leichter, die hilfreichen Mächte der Zwischenwelt mit einfachen Worten und nicht allzu formelhaften Sätzen zu erreichen.

Das Vorbereiten des Rituals

Den magischen Kreis können Sie mit etwas Mehl, mit Steinen oder auch einem Band markieren. Ihr Altar, der im Freien aus einem Baumstumpf oder einem flachen Stein, im Innenraum aus einem Tisch oder einer großen Kiste bestehen kann, ist innerhalb des Kreises immer nach Norden ausgerichtet. Es wäre schön, wenn bei einem Ritual in freier Natur im Norden ein großer Baum steht: Er symbolisiert das Element Erde und bildet mit seinen Wurzeln gleichzeitig die Grundlage Ihres Altars.

Rund um den Altar (oder darauf, falls er eine große Fläche hat) stehen folgende Gegenstände oder magische Geräte:
- ~ im Norden eine Schale voll Lehm, ein besonderer Stein oder ein Töpfchen voll Salz,
- ~ im Osten brennendes Räucherwerk (Sie können im Räucherkelch verschiedene Harze anbrennen, aber auch mit Räucherstäbchen arbeiten),

~ im Süden eine Ritualkerze, die je nach Ritual (siehe Tabelle auf Seite 143 ff.) die entsprechende Farbe hat,
~ im Westen der Kelch, mit Rotwein gefüllt. Eine Schale voll Wasser oder auch eine schöne Muschel können vor allem Vollmondrituale verstärken.

Direkt vor Ihnen liegt waagerecht Ihr Zauberstab, rechts auf dem Altar der Dolch (die Spitze ist von Ihnen abgewandt) und in der Mitte das Pentakel. Außerdem können Sie Ihren Altar ganz nach Belieben noch mit Figuren oder Symbolen schmücken, beispielsweise mit einem schönen Kristall oder mit einer Pyramide, die als Energieträger dient. Es bleibt Ihnen auch unbenommen, rund um den Altar noch mehrere Kerzen aufzustellen.

Der Beginn des Rituals

Ist der Altar aufgebaut, brennen die Kerzen und das Räucherwerk? Dann sind Sie nun bereit, den magischen Kreis zu ziehen. Das Ziehen des Kreises, die Anrufungen und sonstige Bewegungen erfolgen nach der alten Tradition
~ im Uhrzeigersinn, das heißt nach dem Lauf der Sonne, wenn Sie das Ritual beginnen, und außerdem, wenn Ihre magische Arbeit aufbauende und verstärkende Wirkung haben soll. Das Pentagramm wird in diesem Fall „beschwörend" gezogen – siehe Zeichnung.
~ gegen den Uhrzeigersinn und Sonnenlauf, wenn Sie das Ritual beenden und Ihre magische Arbeit abbauende, bannende oder destruktive Wirkung haben soll. Das Pentagramm wird in diesem Fall „bannend" gezogen – siehe Zeichnung auf der folgenden Seite.

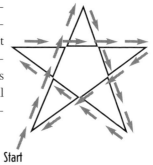

Beschwörendes Pentagramm

In welcher Kleidung Sie das Ritual durchführen – oder ob Sie dabei, wie in der gardnerisch-alexandrischen Tradition üblich, sogar nackt sind –, müssen Sie selbst entscheiden. Ritueller Schmuck kann Ihnen bei der Konzentration helfen. Allerdings sollten Sie auf eine Armbanduhr sowie anderen Schmuck verzichten. Ich arbeite bei Vollmondritualen allenfalls mit einem Schmuckstück, das für mich mit einer besonderen Bedeutung oder einem wichtigen magischen Ereignis verbunden ist.

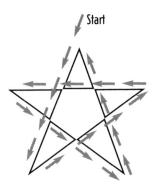

Bannendes Pentagramm

~ Sie stehen innerhalb des Bereichs, den Sie zum magischen Kreis bestimmt haben.
~ Schlagen Sie nun den Kreis, indem Sie sich mit dem Dolch in der Hand um die eigene Achse drehen – im Uhrzeigersinn dreimal von Osten über Süden und Westen nach Norden.
~ Sprechen Sie dabei mit ruhiger Stimme die Worte: „Ich ziehe diesen Kreis im Einklang mit der Großen Göttin und ihrem Gott. Er soll mich schützen vor allen üblen Kräften und mir die Energie für meine magische Arbeit bringen!"
~ Mit Blickrichtung nach Norden weihen Sie nun das Schälchen mit Salz und danach das Wasser mit den Worten: „Ich weihe dich, Wesen der Erde (bzw. Wesen des Wassers), dass du rein und heilig seist im Namen der Erde."
~ Nun schütten Sie das Salz ins Wasser und gehen mit dem so geweihten Salzwasser in Uhrzeigerrichtung um den Kreis.
~ Sprenkeln Sie einige Tropfen in jede Himmelsrichtung.
~ Danach tun Sie das Gleiche mit Räucherschale, und Kerze.
~ Heben Sie alle Gegenstände hoch in die jeweilige Himmelsrichtung.
~ Sprechen Sie die Worte: „Der Kreis ist geweiht mit der geheiligten Kraft der Elemente."

Das Anrufen der Himmelsrichtungen und der Elemente

Nun werden die vier Himmelsrichtungen angerufen. Dabei sollten Sie völlig entspannt sein. Folgen Sie in Blickrichtung und Haltung der jeweiligen Himmelsrichtung.

~ Stellen oder setzen Sie sich bequem hin und beginnen mit Blick nach Osten mit diesen oder ähnlichen Worten: „Seid gegrüßt, Euros, Hüter des Ostens, Herr der Lüfte; ihr Reiter auf den vier Winden, kommt, schützt und begleitet diese Zeremonie und gebt mir das Schwert der klaren Unterscheidung."

~ Dabei zeichnen Sie dreimal mit dem Zauberstab ein Pentagramm in die Luft. Stellen Sie es sich in der Farbe Blau vor. Nun versenken Sie sich in den Osten und damit das Element Luft. Versuchen Sie, sich dieses Element vorzustellen: Vielleicht denken Sie an einen blauen Himmel, an dem sich Wolken zusammenbrauen, die vom Sturm getrieben werden. Der Sturm wird stärker und stärker – sodass Sie ihn fast spüren können.

~ Gen Süden sprechen Sie: „Seid gegrüßt, Notus, Hüter des Südens, Herr des Feuers; ihr Geister der Flammen, kommt, schützt und begleitet diese Zeremonie und gebt mir den Stab der magischen Kraft."

~ Dabei zeichnen Sie dreimal mit dem Zauberstab ein Pentagramm in die Luft. Stellen Sie sich dieses Pentagramm in der Farbe Rot vor. Nun versenken Sie sich in den Süden und damit in das Element Feuer. Versuchen Sie, sich dieses Element vorzustellen: Vielleicht hilft es Ihnen, wenn Sie an ein loderndes Feuer denken. Oder an einen ausbrechenden Vulkan oder einen Waldbrand. Wenn Sie es richtig machen, glauben Sie die Hitze fast zu spüren.

~ Gen Westen sprechen Sie: „Seid gegrüßt, Zephyros, Hüter des Westens, Herrin der Wasser; ihr Kinder der Seen und Flüsse, kommt, schützt und begleitet diese Zeremonie und gebt mir den Kelch des heilenden Wassers."

~ Dabei zeichnen Sie dreimal mit dem Zauberstab ein Pentagramm in die Luft. Stellen Sie sich dieses Pentagramm in der

Farbe Grün vor. Nun versenken Sie sich in den Westen und damit das Element Wasser. Versuchen Sie, sich dieses Element vorzustellen: Denken Sie an einen endlosen grünen Ozean, vielleicht an die Mondsichel, die über dem Wasser blinkt. Wenn Sie erfolgreich sind, werden Sie die feuchte Kühle spüren können.

~ Gen Norden sprechen Sie: „Seid gegrüßt, Boreas, Hüter des Nordens, Herrin der Erde; ihr Bewohner der Felsen und Berge, kommt, schützt und begleitet diese Zeremonie und gebt mir den Schild der ehernen Ruhe."

~ Dabei zeichnen Sie dreimal mit dem Zauberstab ein Pentagramm in die Luft. Stellen Sie sich dieses Pentagramm in der Farbe Gelb vor. Nun versenken Sie sich in den Norden und damit das Element Erde. Versuchen Sie, sich dieses Element vorzustellen: Vielleicht denken Sie an weite, gelbe und fruchtbare Felder oder an dunkle, saftige Erde auf einem Beet oder frisch gepflügten Acker. Sie haben alles richtig gemacht, wenn Sie merken, dass sich die Atmosphäre um Sie herum verändert hat: Es scheint eine große Ruhe und Gelassenheit zu herrschen – fast wie in einem Tempel oder einer Kirche.

~ Zum Schluss legen Sie den Dolch an die Lippen und dann ans Herz.

Sie werden jetzt spüren, dass nicht nur Ihre eigene Energie da ist, sondern dass Sie „von außen" Hilfe bekommen haben. Nun können Sie in Ruhe Ihre zielgerichtete magische Arbeit ausführen (dazu mehr in den Kapiteln 3 bis 5). Bei den Jahresfesten wird die Energie aufgebaut, um sich mit der Jahreszeit, den Kräften der Natur und der Erde zu verbinden. Alle Energie muss konzentriert und auf das Ziel gelenkt werden, für das sie bestimmt ist. Das erfordert einige Übung und Erfahrung. Aber mit jedem Ritual werden Sie merken, dass Sie stärker werden und dass es Ihnen immer leichter fällt, die Energien anzurufen und zu bündeln. Hexenarbeit kann man nicht in ein paar Stunden oder Tagen lernen. Aber hier wie überall gilt der Satz: „Übung macht den Meister".

Das Erstellen einer Affirmation

Wer sich mit positivem Denken beschäftigt, weiß, dass die Verinnerlichung bestimmter Dinge zur Änderung des Verhaltens führen kann. Eine Affirmation (lat. Bejahung, Bekräftigung) ähnelt einem Mantra, das häufig wiederholt wird, damit man ein spezielles Ziel verinnerlicht. Während eines Rituals ist es hilfreich, mit Affirmationen zu arbeiten, um die eigenen Energien auf dieses bestimmte Ziel zu lenken. Wenn Sie sich für Ihr Ritual eine Affirmation ausdenken, sollten Sie auf Folgendes achten:

~ Eine Affirmation sollte möglichst kurz sein, sodass sie in einem Atemzug ausgesprochen werden kann.
~ Die Affirmation sollte in einfachen Worten formuliert sein, damit sie sich schnell in Erinnerung rufen lässt.
~ Erstellen Sie sich mehrere Affirmationen, wenn Sie ein Ziel anstreben, das nicht schnell erreicht werden kann.
~ Bauen Sie die Affirmationen zu einem Stufenplan zusammen.
~ Bleiben Sie auf dem Boden der Tatsachen. Es hat keinen Sinn, mit Affirmationen zu arbeiten, die unrealistisch sind. In Ihnen schlummern zwar sicherlich viele Ihnen noch nicht bekannte Möglichkeiten und Fähigkeiten. Aber Sie werden nicht erzwingen können, morgen im Lotto zu gewinnen oder plötzlich eine Fremdsprache zu beherrschen.
~ Sie müssen an sich selbst glauben können. Nur dann wird eine Affirmation auch zum Ziel führen.
~ Formulieren Sie positiv. Vermeiden Sie Worte wie „nein", „nicht", „nie". Negativ Formuliertes wirkt als Blockade Ihres Unbewussten.
~ Beginnen Sie unverzüglich. Es gibt keinen Grund, auf eine bessere Gelegenheit zu warten.
~ Lassen Sie sich durch Fehler oder Missverständnisse aus der Vergangenheit nicht abhalten oder beirren.

Das Beenden des Rituals

Ist Ihre magische Arbeit beendet, folgt zunächst eine Phase der Ruhe und der Entspannung. Bei den Jahresfesten geht man im Hexenkonvent jetzt zum lockeren Teil über: Man feiert, isst und trinkt und freut sich über den Festtag. Natürlich können Sie auch für sich allein feiern. Anschließend wird das Ritual folgendermaßen beendet:

~ Stehen Sie auf und ziehen Sie nun entgegen dem Uhrzeigersinn im Norden beginnend jeweils dreimal die Pentagramme von Erde, Wasser, Feuer und Luft.
~ Dabei sprechen Sie jeweils die Worte: „Ich danke euch, ihr Mächte des Boreas (Zephyros/Notus/Euros), für eure Anwesenheit und Hilfe bei dieser Zeremonie. Gehet hin in Frieden."
~ Dann stellen Sie sich in die Mitte des Kreises und sagen laut: „Ich entlasse alle Wesen, die durch dieses Ritual ohne Absicht gebunden worden sind. Hiermit löse ich den Kreis!"

Wenn möglich, entspannen Sie sich nach dem Ritual noch ein wenig, vielleicht bei Musik oder bei einem guten Buch. Nach nächtlichen Ritualen – also zum Beispiel nach mitternächtlichen Vollmondritualen – können Sie jetzt ruhig zu Bett gehen. Sie werden sicher gut schlafen und ausgeruht erwachen.

Für jeden Zweck das passende Ritual

Hexen kennen die unterschiedlichsten Rituale, die sie je nachdem anwenden, was sie bei ihrer magischen Arbeit erreichen wollen. Das oben erwähnte Grundritual kann auf vielfältige Weise abgewandelt werden. Vielleicht entwickeln Sie mit der Zeit auch Ihr eigenes Ritual, das Sie dem beabsichtigten Zweck entsprechend abwandeln.

Wichtig ist, dass Sie bei Ihrer Arbeit die Grundprinzipien – Hexenrede, Dreierregel, Dualität und Zyklen – beachten und ganz allgemein den Einklang mit der Natur und dem Universum anstreben. Das bedeutet beispielsweise auch, dass Sie nach dem

Abschneiden einer Holzrute (wenn Sie einen Zauberstab anfertigen) innerlich dem Baum für seine Gabe Dank sagen. Ebenso sollten Sie den Göttern am Ende jedes Rituals danken. Hexentum bedeutet nichts anderes, als ein Leben voller Respekt anderen Lebewesen gegenüber – und natürlich gegenüber uns selbst – zu führen. Hexen vernachlässigen also ihre eigene Person nicht – sie stellen sie aber auch nicht über andere Menschen und Wesen. Wenn Sie die Tabelle der vier Elemente verinnerlichen, werden Sie verstehen, dass alles in einem großen Zusammenhang steht. Dies nutzen Sie zwar bei Ihrer magischen Arbeit – Sie nutzen es aber nicht aus.

Das Hufeisen an der Haustür: Schutz- und Bannrituale

> Denn wie ihr wisst, war Sicherheit
> des Menschen Erbfeind jederzeit.
> Hinweg! Dort sitzt mein kleiner Geist, o schaut!
> In einer dunklen Wolk' und ruft mich laut.
> SHAKESPEARE, MACBETH, 3. AKT, 5. SZENE

Gegen schlechte Einflüsse und negative Energien können wir uns wie folgt schützen:

~ Zum einen können wir uns mit magischen Mitteln gegen ungute Einflüsse wehren: Es gibt Amulette und Schutzzauber, die uns vor negativen Energien schützen. Auch Reinigungsrituale können uns helfen, schlechte Stimmungen zu vertreiben.

~ Zum anderen sollten wir grundsätzlich versuchen, eine positive Lebenseinstellung zu verinnerlichen und aus den eigenen Reserven Kraft zu schöpfen. Das heißt, dass wir das Leben bejahen. Natürlich wird es immer mal wieder einen „grauen Tag" geben, an dem alles schief zu laufen scheint. Aber den überwinden wir, wenn wir uns Kleinigkeiten bewusst machen, die das Leben verschönern. Das kann das Lächeln unseres Gegenübers im voll besetzten Bus sein oder der blühende Knöterich, der sich tapfer im Asphalt der Großstadt behauptet.

Das Ritual der Reinigung

Bei jedem Ritual führen wir auch eine Reinigung durch, denn der Ort, an dem wir unsere magische Arbeit verrichten, soll klar und sauber sein; negative Energien würden uns stören. Es gibt aber viele Situationen, in denen Sie nicht nur den Platz des magischen Kreises reinigen sollten, sondern in denen es erforderlich sein kann, Ihr Haus, Ihre Wohnung oder ein bestimmtes Zimmer von schlechten Einflüssen zu befreien. Sie sollten sich angewöhnen, einmal im Jahr nicht nur einen „normalen" Hausputz durchzuführen, sondern Ihr Heim auch energetisch zu klären – also ein Reinigungsritual durchzuführen und Ihre Wohnräume wieder positiv aufzuladen.

Selbstverständlich können Sie dieses Ritual auch öfter ausführen – immer wenn es Ihnen angebracht erscheint. Das kann der Fall sein,
~ beim Einzug in eine neu gebaute Wohnung,
~ beim Einzug in ein älteres Haus bzw. in eine Wohnung, in der schon jemand gelebt hat,
~ nach dem Tod eines nahe stehenden Menschen,
~ nach der Trennung von einem geliebten Partner, die Sie noch nicht ganz verarbeitet haben,
~ nach längerer Anwesenheit von Personen, die Ihnen Probleme bereitet haben oder noch bereiten,
~ bei neuen Arbeitsprojekten, die Sie angehen wollen,
~ bei einem länger andauernden Aufenthalt in einer Ferienwohnung oder einem Hotelzimmer,
~ wenn Sie eine längere Krankheit durchgestanden haben,
~ wenn Sie unter schlechten Träumen leiden.

Sicher fallen Ihnen noch andere Gelegenheiten ein, bei denen ein Reinigungsritual angebracht erscheint.

Versuchen Sie zunächst, die bereits vorhandene Raumenergie zu erspüren. Vielleicht kennen Sie das undefinierbare Empfinden, sich in einem Zimmer, einer Wohnung oder einem Haus einfach nicht recht heimisch zu fühlen. Sie wissen zwar nicht, aus welchem Grund es Ihnen so ergeht, aber Ihnen ist klar: Irgendetwas scheint nicht zu „stimmen". Wenn Sie ausschließen können, dass elektrische Geräte oder Wasseradern eine negative Raumatmosphäre verursachen, sollten Sie ein Reinigungsritual durchführen. Solch ein Ritual können Sie auch dann durchführen, wenn Sie beim Einzug Ihre eigene Energie in Ihre neue Wohnung übertragen wollen.

Vorbereitung und Hilfsmittel

Gehen Sie entspannt an die ganze Sache heran. Gehen Sie durch die Räume, die Sie einem reinigenden Ritual unterziehen möchten. Überlegen Sie genau, was Sie mit der Reinigung erreichen wollen:
~ Wollen Sie einen besinnlichen Ruhepunkt in Ihrer Wohnung schaffen?
~ Möchten Sie die Energien in einem Arbeitsraum so gestalten, dass Ihnen die Arbeit leichter von der Hand geht, dass Sie kreativ sind?
~ Liegt Ihnen daran, das Wohn- oder Esszimmer zu einem geselligen Mittelpunkt werden zu lassen?
~ Sollen im Kinderzimmer Harmonie und Ausgeglichenheit herrschen?
~ Suchen Sie im Schlafzimmer Energien, die Gesundheit und damit erholsamen Schlaf, aber auch Lust und Liebe fördern?

Es gibt zahlreiche Hilfsmittel, die Sie beim Reinigungsritual verwenden können. Zu empfehlen sind in jedem Fall Wasser und Salz: das eine, um negative Energien aufzunehmen, das andere wegen seiner reinigenden Wirkung. Auch Feuer hat übrigens reinigende Wirkung. Deshalb gehört Kerzenlicht bei einem Reinigungsritual unbedingt dazu. Positiv wirken außerdem Räucherwerk und Düfte, Töne durch Glocken oder Klangschalen, Farben und Steine – hier vor allem Kristalle. Letztere werden vor allem dazu benutzt, um einen bereits gereinigten Raum wieder positiv aufzuladen.

Wann Sie bereit sind

Es empfiehlt sich, das Reinigungsritual nur dann durchzuführen, wenn Sie mit sich selbst „im Reinen" sind. Sorgen Sie dafür, dass Sie allein sind und nicht gestört werden – nicht durchs Telefon, nicht durch Besuch. Vielleicht bereiten Sie sich durch ein besonders duftendes Entspannungsbad vor oder ein Bad, dem Sie ein paar Esslöffel grobes Salz zugesetzt haben. Danach fühlen Sie sich selbst sauber und rein und gehen mit gelöstem Geist und frischer Energie ans Werk. Manche Hexen führen das Ritual nur durch, wenn sie vorher gefastet haben. Energetische Reinigungen kann man an jedem Tag und zu jeder Stunde durchführen.

Reinigen und mit neuer Energie aufladen

So gehen Sie beim Reinigungsritual vor:
- Rufen Sie all jene Kräfte an, die Sie beim Reinigungsritual unterstützen sollen, vor allem die Himmelsrichtungen und die Elemente (siehe Kapitel 2).
- Visualisieren Sie den gereinigten Raum – am besten mit dem Mittel, das Sie einsetzen, etwa so: Klares Wasser plätschert durch das Zimmer und wäscht allen Schmutz fort. Oder reinigendes Feuer klärt die Atmosphäre – das Zimmer wird immer heller und heller.
- Danken Sie den Himmelsrichtungen, den Elementen und den Geistern für ihre Hilfe bei der Reinigung.
- Dann wird der Raum mit der von Ihnen gewünschten Energie aufgeladen.
- Bitten Sie wieder um Beistand und Unterstützung.
- Visualisieren Sie nun die Energie, die Sie in diesem Raum haben möchten: Ruhe und Frieden, Kreativität und Kraft, Gesundheit, Liebe und Harmonie.
- Bekräftigen Sie Ihre Visualisierung durch die entsprechenden Affirmationen (siehe Kapitel 2).
- Beenden Sie die Aufladung wiederum mit einer Danksagung.

Kerzenlicht bringt Reinigung und neue Energie

Kerzenlicht unterstützt die reinigende und die aufladende Wirkung. Zur Reinigung dienen stets weiße Kerzen. Gehen Sie mit der brennenden Kerze durch den Raum und leuchten Sie in alle Ecken. Wenn Sie dabei Ihre Visualisierung durchführen, stellen Sie sich die reinigende Wirkung der Flamme vor, danach bei der Aufladung das warme Kerzenlicht, das alles freundlich beleuchtet.

Farben und Düfte, Kräuter und Steine

In den folgenden Tabellen können Sie ablesen, welche Hilfsmittel sich für welche Reinigung und Aufladung am besten eignen.

Farbe	reinigt bei	lädt neu auf
Blau	Aggression, Krankheit	Treue, Entspannung, Heilung
Grün	Geiz, Stagnation	Wachstum, Reichtum
Gelb	Trübsinn	Heiterkeit, Konzentration
Gold	Unglück, Unlust	Glück, Lebensfreude
Orange	Einsamkeit, Mutlosigkeit	Geselligkeit, Willenskraft
Rot	Schlaffheit, Müdigkeit	Dynamik, Liebe, Lust
Rosa	Lieblosigkeit	Romantik
Silber	Fanatismus	Intuition
Violett	Engstirnigkeit	Intuition, Kreativität

Duft/Räucherwerk	reinigt bei	lädt neu auf
Eukalyptus	Krankheit, Unwohlsein	Genesung, Heilung
Fichtennadeln	Müdigkeit	Erfrischung
Myrrhe	Stress	Entspannung
Sandelholz	Unruhe	Energie, Kraft
Wacholder	Antriebslosigkeit	Anregung, Schutz
Weihrauch	universell einsetzbar	Meditation, Schutz
Zeder	Schlafstörungen,	Stressminderung, Schutz
Zimt	Sexuelle Lustlosigkeit	Luststeigerung

Kräuter	reinigt bei	lädt neu auf
Kamille	Streit,	Beruhigung, Harmonie
Lavendel	Schlaflosigkeit, Unruhe	Entspannung, Intuition
Pfefferminze	Alltagstrott	Erfrischung, Aktivität
Rosmarin	Streit, Auseinandersetzung	Freundschaft, Konzentration
Salbei	negative Eindrücke	Läuterung, Schutz
Thymian	Krankheit, Depressionen	Kraft

Früchte/Blume	reinigt bei	lädt neu auf
Apfel	–	Lebenskraft, Liebe
Besenginster	Krankheit	Heilung, Gesundheit
Hyazinthen	seelische Probleme	Energie, Lebenslust
Nelken	Konzentrationsprobleme	Kraft
Rosen	–	Liebe
Verbena	unangenehme Träume	Schutz
Zitrusfrüchte	Antriebslosigkeit	Belebung, Erfrischung

Steine/Kristalle	reinigt bei	lädt neu auf
Blaue Steine	–	Intuition, Kontakt „nach oben"
Gelbe Steine	negative Energien	Glück, Denkvermögen
Grüne Steine	Verkrampfungen, Unruhe	Entspannung, Friede
Natürl. Steine	nach Wahl	nach Wahl
Orangene Steine	Einfallslosigkeit, Mutlosigkeit	Vitalität, Geselligkeit
Rosa Steine	Liebeskummer	Klarheit, Bereinigung
Rote Steine	Unruhe, Schwäche	Antriebskraft, Mut
Schwarze Steine	Vergesslichkeit	Disziplin, Schutz
Türkise	böser Blick	Schutz, Kraft
Violette Steine	Trauer, Unruhe	Frieden, Gelassenheit
Weiße Steine	Streit	Harmonie, Frieden

Sonnen-, Mond- und andere Wässer

Beim Reinigungsritual verwenden Sie unterschiedliche Wassersorten, die Sie selbst herstellen können:

~ Energetisiertes Wasser kann beispielsweise aus einer Quelle stammen, die vielleicht in Ihrer näheren Umgebung sprudelt und die seit alters her als Heilquelle gilt. Es kann aber auch Quell- oder Flusswasser sein von einem Gewässer, mit dem Sie persönlich etwas ganz Besonderes verbinden.

~ Sonnenwasser entsteht, wenn Sie Wasser in eine hübsche Glasschale gießen und im Freien einige Stunden lang im Sonnenlicht stehen lassen. Sonnenwasser bringt Lebensfreude und Harmonie, vor allem, wenn Sie damit einen Raum reinigen, in dem vorher Krankheit oder seelisches Leid herrschte.

~ Mondwasser bekommen Sie, wenn Sie eine Schale mit Wasser ein paar Stunden lang im Freien ins Mondlicht stellen. Es wirkt Schlaf fördernd und lindert die Emotionen in Trauerfällen oder an dunklen Tagen.

~ Andere Wässer bekommen Sie durch den Zusatz von Blüten oder Pflanzenölen: Rosenöl zum Beispiel bringt Liebe ins Haus, Lavendelöl hilft bei Prüfungen, Jasmin fördert die Intuition.

Das wichtigste Zubehör für das Reinigungsritual

In der folgenden Übersicht finden Sie die wichtigsten Hilfsmittel für ein Reinigungsritual (Quelle: Ansha):

Farbe	~ Für die Reinigung: Weiß
	~ Für die neue Aufladung: nach Wunsch
Element	Wasser und Feuer
Edelstein	Klarer Bergkristall
Pflanzen	~ Blumen: alle weißen Blüten
	~ Kräuter: Salbei, Lavendel
	~ Gemüse: Artischocken, Brokkoli, Rosenkohl
Phase des Mondes	Alle
Bester Tag	Jeder Tag
Beste Stunde	Jede Stunde
Düfte/Räucherwerk	~ Weihrauch
	~ Salbei
	~ Wacholder
	~ Zeder
	~ Lavendel
Visualisierung	~ Feuer verbrennt alles
	~ Wasser reinigt alles
	~ Für die neue Aufladung: nach Wahl
Gewürze	~ Salz – am besten grobes Meer- oder Steinsalz
	~ alle Essigsorten
Getränke	~ Saure Getränke
Hilfsmittel für Reinigung und Aufladung	~ Salzwasser für eine Grundreinigung
	~ Räucherwerk für die Reinigung
	~ Mondwasser für Entspannung
	~ Sonnenwasser für positive Energie
	~ Rosenwasser für liebevolle Atmosphäre
Gegenstände	~ Glocke
	~ Klangschale
	~ Besen
	~ Federbündel

Schutz und Abwehr in der Magie

Schon seit Jahrtausenden kennen die Menschen Hilfsmittel, mit denen sie böse Mächte abwehren wollen. Viele von uns tragen – manchmal vielleicht unbewusst – ein Amulett um den Hals. So mancher glaubt fest an seinen Talisman oder Glücksbringer: Sie alle sind ursprünglich Zeichen für Schutz- und Abwehrzauber.

Das Amulett

Der Begriff „Amulett" leitet sich wohl aus dem arabischen „hamalet" ab. Er bedeutet so viel wie „Anhängsel". Die Araber bezeichneten damit kleine Zettel mit magischen Sprüchen. Ein Amulett ist stets ein Zeichen zur Abwehr und zum Schutz. Es soll den Träger vor negativen Energien bewahren. Meist wird es in Form eines Schmuckstückes mit der entsprechenden symbolischen Darstellung getragen. Die Schutzwirkung ist – im Gegensatz zum Talisman – nicht individuell, sondern eher kulturell verankert und überliefert. Amulette gibt es in allen Kulturen, es gibt also eine große Anzahl von ihnen. Nicht nur Personen werden durch ein Amulett geschützt: Auf die Haustür gezeichnete magische Formeln oder Siegel beispielsweise sollen Haus und Bewohner beschützen. Auch in der christlichen Kultur kennen wir solche Zeichen, etwa das C-B-M an der Tür, das die von Haus zu Haus ziehenden „drei Könige" am 6. Januar aufmalen. Es heißt nichts anderes als „Christus benedicat mansionem", übersetzt „Christus segne dieses Haus". In arabischen Ländern kennt man unter anderem das Auge, das auf Türen aufgemalt, aber auch als Schmuckstück getragen wird: Es soll alles Böse abwehren.

Ein Amulett muss nicht unbedingt aus Metall (Silber, Gold, Messing) bestehen. Sehr verbreitet sind auch Schriftamulette (Sigillen – siehe unten), bei denen konkrete Segenswünsche auf Pergament geschrieben werden. Die Schutzwirkung eines Amuletts ist nicht unbegrenzt und sollte daher von Zeit zu Zeit erneuert werden. Amulette können Sie übrigens leicht selbst herstellen. Aber selbst wenn Sie eines kaufen, sollten Sie es für sich persönlich weihen: Zuerst reinigen Sie es während eines Rituals mit Salzwasser und tragen es dann mindestens 24 Stunden lang direkt am Körper. Auf der Rückseite des Amuletts sollten Sie möglichst Ihre ganz persönlichen Symbole einritzen oder aufmalen.

Sigillen

Sigillen sind von einer Hexe erstellte Symbole. Sie geben ihren Wunsch (ihre Affirmation) in abstrakter Form wieder. Heute ist uns diese Form der Magie nicht mehr allzu bekannt – aber es liegt an Ihnen, sie wieder aufleben zu lassen. Sogar mit unseren modernen, wenig verschnörkelten Buchstaben lassen sich gut Sigillen herstellen. Im Mittelalter waren Sigillen eine der meistgenutzten Magieformen. Viele Magier erstellten hochkomplizierte Symbole, deren Bedeutungen sich nur schwer, wenn überhaupt, nachvollziehen lassen.

Was mir an den Sigillen so gefällt, ist, dass sie mich zur Kreativität anregen. Ihre starke Wirkung liegt eher in der Beschäftigung mit dem Wunsch, den Sie verwirklicht sehen wollen, als in der tatsächlichen Gestaltung. Ganz gleich, wie Sie Ihre Sigille formen, eines dürfen Sie nicht vergessen: Sie müssen den Wunsch nach der Fertigstellung „loslassen", das heißt, nach dem Anfertigen einer Sigille muss der Wunsch seiner Erfüllung übergeben werden. Man legt sie beispielsweise an einen geheimen Ort oder verbrennt sie mit den passenden Kräutern (siehe Kapitel 5 und 7). Nur wenn man die Sigille vergisst, wird sie Wirkung zeigen.

> **Wie Sie Sigillen herstellen**
>
> Formulieren Sie zunächst Ihren Wunsch und versuchen Sie, ihn möglichst in einem Wort oder höchstens in zwei Wörtern auszudrücken. Schreiben Sie das Wort bzw. die Wörter nun auf einen Zettel. Dann streichen Sie alle doppelten

Buchstaben. Ein Beispiel: Für den Wunsch nach einem Partner werden bei den beiden Wörtern „ehrlicher Freund" alle mehrfach vorkommenden „e", „h" und „r" gestrichen. Nun bleiben die zehn Buchstaben „ehrlicfund" übrig. Aus ihnen wird die Sigille gebildet. Auf möglichst kreative Weise ordnen Sie die Buchstaben an und verbinden sie miteinander, und zwar am besten so, dass nur Sie noch erkennen können, dass es sich ursprünglich um Buchstaben gehandelt hat. Im Mittelalter entstanden auf diese Art wahre Kunstwerke, die nur Eingeweihte lesen konnten. Wenn Sie mögen, können Sie die fertige Sigille nicht nur auf Papier zeichnen, sondern auch aus Teig formen und backen oder sie vor dem Backen in ein Plätzchen ritzen. Verzehren Sie Ihre essbare Sigille so bald wie möglich.

Der Talisman

Die Bezeichnung Talisman stammt vom türkischen Wort „talismanen". So nannte man in der Türkei Geistliche und Gelehrte, die sich mit Magie befassten. Im heutigen Sprachgebrauch ist ein Talisman ein Glücksbringer, der auf einen zukommt oder den man selbst entdeckt. Das kann ein seltsam geformter Stein sein, den man am Strand entdeckt, oder eine „zugeflogene" Feder, ein besonderes Schmuckstück oder eine seltene Münze. Jeder Gegenstand kann zum persönlichen Talisman werden. Natürlich gelten auch die bekannten Glück bringenden Symbole als Talisman, zum Beispiel das vierblättrige Kleeblatt, der Glückspfennig, das Hufeisen oder die Hasenpfote. Sowohl Talisman wie Amulett sollen vor Unbill und negativen Einflüssen schützen.

Das Schutzritual

Um ein Schutzritual durchzuführen, sollten Sie einen Tag und eine Stunde wählen, in der Sie absolut ungestört sind. Es ist von Vorteil, wenn Sie vor einem Schutzritual eine Reinigung durchgeführt haben. Beim Schutzritual selbst tun Sie im Prinzip nichts anderes, als Ihre Ängste und Befürchtungen zu bannen:
~ Sie ziehen den magischen Kreis.
~ Sie rufen die Himmelsrichtungen und Elemente zu Hilfe.
~ Sie visualisieren Gegenstände und Situationen, durch die Sie sich beschützt und sicher fühlen, zum Beispiel eine Mauer, die Sie umgibt; eine Glaskuppel, die Sie schützt; ein Dach, unter dem Sie sich geborgen fühlen.
~ Danach sind Sie entspannt und können Ihre Affirmationen beginnen.
~ Am Ende des Rituals bedanken Sie sich und lösen den Kreis wieder auf.

Das Bannritual

Wenn wir lernen, mit unseren Ängsten umzugehen, haben wir schon viel erreicht. Man sollte sich bewusst machen, dass Ängste zum Leben gehören, dass man ihnen aber mutig begegnen und sie so überwinden kann. Formulieren Sie Ihre Affirmationen gerade bei einem Schutz- oder Bannritual positiv, also vermeiden Sie Worte wie „nie", „niemals", „kein" oder „nicht".

Das wichtigste Zubehör für das Schutzritual

Das wichtigste Zubehör für ein Schutzritual listet die folgende Tabelle auf:

Farbe	~ Schwarz ~ Dunkelblau
Element	Erde, Wasser
Metall	Blei
Edelstein	~ Tigerauge ~ Türkis
Pflanzen	~ Blumen: Farn, Kornblume, Königskerze, Maiglöckchen, Stiefmütterchen ~ Bäume: Buche, Efeu, Eibe, Espe, Schwarzdorn, Stechpalme, Tollkirsche ~ Kräuter: Baldrian, Knoblauch, Rosmarin, Salbei
Planet	Saturn
Phase des Mondes	abnehmend
Bester Tag	Samstag
Tageszeit	Saturnstunden
Beste Stunde	~ Samstags 6–7 Uhr ~ 13–14 Uhr, 20–21 Uhr, 3–4 Uhr ~ alle Saturnstunden
Düfte/Räucherwerk	~ Bilsenkraut ~ Vetiver ~ Salbei ~ Zypresse ~ Rosmarin
Visualisierung	~ schützende Glaskuppel ~ schützendes Dach ~ schützende Mauer
Symbol	~ Pentagramm ~ Hexagramm
Gewürze	~ Knoblauch ~ Salz ~ Pfeffer ~ Wacholderbeeren
Getränke	~ bittere Getränke
Gegenstände	~ Räucherkessel ~ Farnblätter ~ Kristall ~ Wunschzettel

Bannzauber

In alten Magiebüchern findet man unzählige Bannzauber – gegen alles Mögliche: gegen Missernte und Hagelschlag, gegen Dämonen und böse Geister, gegen Viehseuche und unangenehmen Besuch. Ob diese Zauber etwas nützen, müssen Sie selbst entscheiden: Manch einer kann – ins Ritual eingebracht – durchaus Erfolg haben.

~ Halbieren Sie einen Apfel. Reiben Sie die eine Hälfte mit Minze ein und sprechen Sie dabei mehrmals laut aus, was gebannt werden soll. Dann stecken Sie den Apfel mit einem Holzspieß wieder zusammen, umwickeln ihn mit einem grünen Band und vergraben ihn an einem nur Ihnen bekannten Ort. Ist er verfault, ist auch das Problem gelöst.

~ Negative Energie verschwindet, wenn Sie über Nacht in jede Ecke Ihres Schlafzimmers (oder auch Arbeitsraumes) ein Viertel einer Zwiebel legen. Am nächsten Tag hacken Sie die Zwiebelstücke klein und vergraben sie. Das Ganze sollten Sie etwa alle drei bis sieben Tage wiederholen – dann bleibt Ihnen Negatives erspart.

Schutz- und Bannzauber auf dem Lande

Im bäuerlichen Leben kannte man so genannte „verworfene Tage", die Unglück brachten. Man bezeichnete sie auch als „Schwendtage". Sie gehen noch auf die Zeiten der alten Römer und damit auf heidnischen Glauben zurück. Selbst die Einführung des Christentums hat diese „dies atri" (wie sie im Lateinischen hießen) nicht verschwinden lassen. Sie haben sich in manchen Gegenden bis auf den heutigen Tag erhalten.

Die Verbote an den „verworfenen Tagen"

~ Man darf nichts Neues beginnen.
~ Man darf nicht auf Reisen gehen.
~ Man darf keine neue Arbeit beginnen – ob in Haus oder Hof, ob im Stall oder in der Stube.
~ Man darf niemanden zur Ader lassen.

Die verworfenen Tage sind:
~ im Januar der 2., 3., 4., 18;
~ im Februar der 3., 6., 8.,16;
~ im März der 13., 14., 15., 29;
~ im April der 19;
~ im Mai der 3., 10., 22., 25;
~ im Juni der 17., 30;
~ im Juli der 19., 22., 28;
~ im August der 1., 17., 21., 22., 29;
~ im September der 21., 22., 23., 24., 25., 26., 27., 28;
~ im Oktober der 3., 6., 11;
~ im November der 12.

Im Dezember gibt es keine „dies atri".

Bäuerliches Brauchtum gegen böse Dämonen

~ In den Alpenländern wird der 6. Januar heute noch manchmal „Perchtentag" genannt. Das erinnert an die mächtige heidnische Göttin Perchta, die zwei Gesichter hatte: Den guten Menschen zeigte sie ihr freundliches, bei den bösen trat sie dämonisch auf.
~ Der 23. April ist heute in der katholischen Kirche der Namenstag des heiligen Georg, des Drachentöters und Viehpatrons. Die Georgiritte, die im Voralpenland noch stattfinden, sind eine Erinnerung an urzeitliche Abwehrbräuche gegen alles Dämonische. Nach alter Überlieferung dürfen am Georgitag böse Hexen ihr Unwesen treiben. Feldumgänge, Feldbegehungen und Flurumritte sollen diesen bösen Zauber bannen.

- Der Donnerstag war immer schon ein „Schwendtag", also ein Tag, der Unglück brachte. Er war einem mächtigen Dämon geweiht, der Blitze vom Himmel schleuderte und Donner krachen ließ. Gegen Blitzschlag sollten allerlei Zauber helfen.
- Die heute noch aufgeführten prächtigen Prozessionen an Fronleichnam haben eine heidnische Geschichte. Sie gehen auf Flurbegehungen zurück, mit denen man Dämonen und böse Geister bannen wollte.
- Die ersten Erntedankfeste beginnen im September und werden bis in den Oktober hinein gefeiert. Sie lassen sich bis in die früheste Menschheitsgeschichte zurückverfolgen. Schon immer dankten die Bauern ihren Göttern für eine erfolgreiche Ernte. Mystische Sagen aus alten Zeiten ranken sich um die Korndämonen, die angeblich mit dem Regen auf die Erde kommen. Sie nisten sich in den Kornfeldern ein – und je nach Gegend hatten sie fruchtbare oder zerstörende Eigenschaften. Diese Korndämonen wollte man mit allen möglichen Bräuchen während der Erntedankzeit versöhnlich stimmen oder vertreiben.

Aus dem „magisch-sympathetischen Hausschatz"

Unter dem Titel „Das 6. und 7. Buch Mosis" erschien vor gut 150 Jahren in Dresden ein Buch, in dem auch „Zauberformeln, Heilsprüche und Schutzsegen wider allerlei Anfechtungen" aus dem überlieferten Volksglauben enthalten sind. Einiges aus dem ebenfalls im Buch enthaltenen „magisch-sympathetischen Hausschatz" möchte ich Ihnen hier vorstellen:

- Gegen Blitzschlag und Feuersbrunst hilft ein Rosseisen, das man mit allen Nägeln darin über die Stalltüre nagelt.
- Wer den Storch auf seinem Dach nisten lässt, bleibt ebenfalls vor Feuer gefeit.
- Vor Hagelschlag bleiben Haus und Stall geschützt, wenn man die Schaufel, mit der das Brot in den Backofen geschoben wird, in den Hof trägt.

- Die Pferde bleiben gesund, wenn man sie am Christabend mit Häcksel aus dem Stroh von fremden Dächern füttert.
- Pferde werden nicht steif, wenn man ihnen drei Sonntage hintereinander vor Sonnenaufgang drei Hand voll Salz und 72 Wacholderbeeren in die Krippe zum Fressen gibt.
- Damit ein Ross nicht müde werde, hänge man ihm einen Wolfszahn um.
- Tauben bleiben am Hof, wenn man sie dreimal zwischen den Beinen durchreicht, und zwar von vorne nach hinten. Dabei soll man die Worte sprechen: „Taube, bleib bei mir daheime, wie der Strumpf an meinem Beine."
- Ein Hund wird einem auf ewig treu sein, wenn man heimlich drei Bissen Brot abbricht und diese dem Tier nacheinander gibt. Dazu sage man jedes Mal: „Hund, du gehörst nur mir!"
- Gegen Ratten- und Mäuseplage hilft es, einen alten ungeputzten Schuh an einem hohen Feiertag schweigend auf einen Kreuzweg zu tragen und die Schuhspitze nach der Gegend auszurichten, wohin die Ratten und Mäuse wandern sollen.
- Gegen Zauberei am Vieh hilft es, einen schwarzen Bock im Stall stehen zu haben oder wenigstens einen Bock, der auf dem Rücken die Zeichnung eines schwarzen Kreuzes hat.

Geldzauber: Magie für Erfolg und Wohlstand

Magische Kräfte können Ihnen helfen, nicht nur im Privaten, sondern auch im Beruf Erfolg zu haben. Sie wissen ja: Was wir uns selbst zutrauen, was wir im magischen Ritual verstärken, wird auch auf unsere Umwelt ausstrahlen. Schon das kann finanzielle und berufliche Fortschritte zeitigen.

Beim Ritual gehen Sie vor wie immer: Sie bereiten Ihren Altar vor und schmücken ihn mit den entsprechenden Gegenständen (siehe Tabelle unten). Sie ziehen den magischen Kreis und erbitten die Hilfe der Himmelsrichtungen, der Elemente und der guten Geister, die Ihnen zur Seite stehen sollen. Je nach Situation visualisieren Sie:

~ eine berufliche Situation, die Sie meistern wollen oder müssen. Stellen Sie sich vor, wie Sie Ihr Ziel anstreben und erreichen, wie strahlend Sie sich nach Ihrem Erfolg fühlen werden, wie Sie dann feiern werden.

~ finanziellen Wohlstand: Bleiben Sie dabei aber realistisch und stellen Sie sich nicht unbedingt gleich ein riesiges Vermögen vor. Bemühen Sie sich um kleinere Schritte: zunächst einmal einen bestimmten Gegenstand (oder Urlaub), den Sie sich leisten wollen. Nach und nach wird Ihre magische Kraft wirken und Sie werden langsam, aber sicher Ihr Ziel erreichen.

Nach dem Ritual bedanken Sie sich bei den überirdischen Kräften und öffnen den magischen Kreis wieder.

Wichtiges Zubehör und Voraussetzungen für ein Erfolgs- oder Geldritual

Farbe	~ Purpur	~ Gold
	~ Grün	~ Silber
Element	~ Luft	
	~ Erde	
Edelstein	~ Bernstein	~ Granat
	~ Diamant	
Pflanzen	~ Blumen: Gänseblümchen, Löwenzahn, Tausendschönchen	
	~ Farn	
	~ Bäume: Ahorn, Lorbeer, Esche, Eiche	
	~ rote Beeren	
bester Tag	Donnerstag	
Planet	Jupiter	
Phase des Mondes	zunehmender Mond	
	Vollmond	
beste Stunde	~ mittags	
	~ donnerstags 6 u. 7 Uhr , 13 u. 14, 20 u. 21, 3 u. 4 Uhr	
	~ donnerstags alle Jupiterstunden	

Düfte/Räucherwerk	~ Myrrhe
	~ Lorbeer
	~ Zeder
	~ Zimt
	~ Isländisch Moos
Visualisierung	~ die Situation, in der Sie erfolgreich sein wollen
	~ ein Geldregen oder die Gegenstände, die Sie mit dem Geld kaufen/bezahlen wollen
	~ Jupiter, der Ihnen Erfolg bringt
Gewürze	~ Muskatnuss
	~ Kümmel
	~ Nelke
	~ Minze
	~ Salbei
Getränke	Rotwein
Gegenstände	~ Wunschzettel/Affirmation
	~ Kerzen
	~ Münzen
	~ Talisman, der Sie schützt und stärkt
	~ ein Säckchen mit Lorbeerblättern oder ein frischer Lorbeerzweig

Die dunkle Seite der Hexenkunst: schwarze Magie

Magie ist keine Sache, mit der man leichtfertig umgehen darf. Gerade als Hexe sollten Sie das beherzigen. Sie wissen ja, was die Hexenrede besagt: „Tu, was du willst, solange es niemandem schadet." Wenn Sie nach diesem Motto magisch arbeiten, dürften Sie sich mit der schwarzen Magie eigentlich gar nicht beschäftigen. Denn schwarze Magie fügt anderen Schaden zu – um des eigenen Vorteils, der eigenen Eitelkeit willen.

Es gibt sie jedoch durchaus, diese dunkle Seite der Hexenkunst. Jeder von uns hat nicht nur Positives, sondern auch Negatives in sich, jeder hat Fehler und Mängel. Selbst wenn man sie bekämpft, kann man Fehler machen. Niemand von uns ist unfehlbar. Auch „böse" Hexen und Magier hat es immer gegeben – wobei sie bestimmt eher in der Minderzahl waren. Sie sollten sich – wenn Sie eine Hexe im guten Sinne sein wollen – von den schwarzmagischen Künsten fern halten. Sie lohnen sich nicht – im Gegenteil: Sie finden letztendlich ihre gerechte Vergeltung.

Es hat auch keinen Sinn, hinter jeder Unbill, die Ihnen widerfährt, gleich einen schwarzmagischen Angriff zu vermuten. Wenn Sie das nämlich tun, werden Sie mit Ihrem eigenen Leben nicht mehr zurechtkommen. Für Fehler sind Sie selbst verantwortlich – nicht eine geheime, böse Macht. Selbst wenn es bequemer ist, diesen negativen Einflüssen die Schuld zuzuschieben. Und auch wenn Sie für manchen Schicksalsschlag, für manche schlimme Erfahrung nichts können: Nehmen Sie solche Ereignisse positiv auf. Auch wenn es Ihnen im ersten Moment nicht leicht fällt.

Es gibt eigentlich keine negativen Erlebnisse. Jede Erfahrung, die wir machen, ist im Grunde positiv, solange wir daraus lernen. Wer etwa eine gescheiterte Liebesbeziehung hinter sich hat, ist natürlich erst einmal traurig und enttäuscht, vielleicht auch wütend. Aber auf der anderen Seite bringt uns dieses Erlebnis dazu nachzudenken. Wir fragen uns, was wir falsch gemacht haben könnten, was wir das nächste Mal besser machen wollen. Wer zum Beispiel im Berufsleben gemobbt wurde, wird beim nächsten Job wissen, was er ändern muss, wie er vielleicht besser auf seine Kollegen zugehen sollte oder wie er mit einer erneuten unangenehmen Situation besser umgehen kann.

Junivollmond bringt Liebesglück: Rituale für Herzensangelegenheiten

Mit Hexenspuk und Sprüchen seid
und jedem Zauberkram bereit.
SHAKESPEARE, MACBETH, 3. AKT, 5. SZENE

Liebeszauber haben die Menschen zu allen Zeiten mehr als alles andere interessiert. Der Monat Juni war in römischer Zeit der Göttin Juno geweiht, der römischen Schutzherrin für Ehe und Familie. Dies ist wohl auch der Grund, weshalb der Juni traditionsgemäß als „Heiratsmonat" gilt.

Wirft man einen Blick in die zahlreichen alten und neuen Bücher über Magie und Zauberei, entdeckt man dort vor allem Liebeszauber. Das lässt darauf schließen, dass die Liebe und wie man sie erringt und behält für die meisten Menschen ein Urbedürfnis ist, das es um jeden Preis zu stillen gilt. Um jeden Preis? Wohl kaum! Denken Sie nur an die Hexenrede! Denn wer nach dem Grundsatz handelt, niemandem zu schaden, wird Liebeszauber mit Vorsicht betrachten.

Die Ethik des Liebeszaubers

Viele Hexen halten Liebeszauber für negative Magie. Denn man kann und soll niemandem seinen Willen aufzwingen, und wer versucht, einen anderen Menschen zu sich „hinzuziehen" – und dies mit den Mitteln von Magie und Zauberei –, tut im Grunde nichts anderes. Natürlich sollte man zwischen „positivem" und „negativem" Liebeszauber unterscheiden:

~ Positiv ist es zu versuchen, eigene Vorzüge herauszustellen und dafür zu sorgen, dass man auf den Partner attraktiv wirkt.
~ Negativ dagegen ist das Bestreben, den Partner durch geheimnisvolle Rituale an sich zu binden, auch wenn er das vielleicht gar nicht möchte oder wenn er in einer guten Beziehung zu einer anderen Frau steht.

Die Hexenrede (siehe Kapitel 1) sagt ganz klar: „Tu, was du willst, solange es niemandem schadet". Mit dem Versuch jedoch, einem anderen seinen Willen zu nehmen und ihm den eigenen Willen aufzuzwingen, schaden Sie ihm – und verletzen somit die wichtigste Regel. Sie sollten die Hexenrede gerade beim Liebeszauber sogar ein wenig erweitern – dahingehend, dass Sie nichts tun werden, was die Freiheit der Gedanken und Taten eines anderen einschränkt. Das sollte Ihnen zur Selbstverständlichkeit werden. Auch aus einem zweiten Grund übrigens, nämlich wegen der „Dreierregel". Erinnern Sie sich? „Alle Taten kehren mit dreifacher Kraft zu ihrer Quelle zurück". Das gilt im Guten wie im Schlechten. Eine gute Tat wird nach dieser Regel dreifach belohnt, eine schlechte Tat dreifach bestraft. Der typische Liebeszauber – also die magische Arbeit, um einen anderen dazu zu bringen, dass er jemand Bestimmten liebt – ist eindeutig eine Verletzung des freien Willens eines anderen. Möchten Sie wirklich riskieren, dass dies mit dreifacher Kraft auf Sie zurückfällt?! Zu denken geben sollten Ihnen auch die alten Märchen und Sagen: Liebestränke und Liebeszauber haben dort immer ihre beabsichtigte Wirkung verfehlt ...

Was man gibt, das kommt zurück

Jeder von uns braucht Liebe. Ohne Liebe können wir nicht existieren. Damit ist natürlich nicht nur die körperliche Liebe oder das starke Gefühl zwischen zwei Jungverliebten gemeint. Liebe ist viel umfassender: Wir kennen die Liebe zwischen Eltern und Kindern, zwischen Freunden, aber auch zu Tieren und Pflanzen, ja selbst zu Gegenständen. Wir sollen uns selbst lieben – so sagt das christliche Bekenntnis –, um andere lieben zu können. Das ist sicherlich richtig. Aber wahr ist auch, dass man Liebe nicht erzwingen kann und dass man sie nur dann endgültig für sich gewinnt, wenn man auch Liebe zu geben hat. Liebeszauber können natürlich auch ein Ritual des Schenkens sein – und so sollten Sie sie auch verstehen. Selbst wenn es Ihnen wehtut, dass Sie jemanden lieben, der diese starken Gefühle nicht oder nicht in gleicher Weise erwidert: Mit einem Liebeszauber, der den anderen zu zwingen versucht, haben Sie bestenfalls kurzfristig Erfolg.

Wenn Sie daran glauben, dass alles miteinander in Verbindung steht, gibt es jedoch durchaus einen Weg hin zum Zauber für die Liebe, für Partnerschaft und Glück. Dann nämlich, wenn Sie der Überzeugung sind, dass Ihre magische Arbeit nicht dazu dient, eine bestimmte Person zu beeinflussen, sondern dass sie ganz allgemein auf das Liebesglück einwirken soll.

Liebesbann

Wann immer Sie sich in jemanden verlieben, stecken Sie Ihre ganze Energie in die Absicht, denjenigen zu beeindrucken: Sie verwenden viel Zeit und Augenmerk auf Ihr Äußeres, auf Ihre Kleidung. Sie geben sich charmant und versuchen Ihr Gegenüber durch Ihre Ausstrahlung und Ihr Verhalten auf sich aufmerksam zu machen. Das ist der unbewusste Einsatz starker psychischer Kräfte. Haben Sie jemals einen Menschen getroffen, bei dem Sie beim ersten Blickkontakt das Gefühl hatten, der Blitz hätte Sie getroffen? Dann wissen Sie Bescheid: Sie konnten fühlen, dass sich zwischen Ihnen beiden ein Kraftfeld gebildet hatte. Diese Kräfte waren vorhanden – ohne dass Sie etwas dazu tun mussten. Ihre magische Arbeit kann diese Kräfte verstärken. Es kann allerdings sinnvoll sein, erst einmal das Orakel zu befragen, ob der Partner bzw. die Partnerin überhaupt zu Ihnen passt. Dazu finden Sie im zweiten Teil dieses Kapitels Liebesorakel. Sie können aber natürlich auch die Karten oder das Pendel (siehe Kapitel 6) befragen.

Das Liebesritual

Um Ihre magische Arbeit zu verstärken, sollten Sie einen Gegenstand von dem Menschen haben, der in Ihrem Liebesritual die Hauptrolle spielt. Das kann ein Foto sein, ein Schmuck- oder Kleidungsstück oder auch eine Haarsträhne. Ein Liebesritual führen Sie am besten zu einer Stunde durch, in der Venus herrscht (siehe Tabelle in Kapitel 7). Am Tag der Venus – am Freitag – ist dies die Zeit zwischen 6 und 7 Uhr morgens, 13 und 14 Uhr mittags, 20 und 21 Uhr abends und 3 und 4 Uhr nachts (jeweils Winterzeit. Während der Sommerzeit müssen Sie entsprechend eine Stunde zurückrechnen).

Dann bereiten Sie alles für das Ritual vor:
~ Schreiben Sie Ihren Wunsch auf einen Zettel. Oder erstellen Sie eine Affirmation (siehe Kapitel 2).
~ Sorgen Sie für die entsprechende Atmosphäre: mit Farben, Düften, Räucherwerk. Beim Liebesritual empfiehlt sich die Farbe Rot, als Düfte und/oder Räucherwerk sind Sandelholz, Rose, Vanille, Honig oder Jasmin am besten geeignet.
~ Schmücken Sie Ihren Altar mit Symbolen und Gegenständen, die für Sie mit der Liebe und der Person verbunden sind, die Sie „verzaubern" möchten.
~ Entspannen Sie sich und schlagen Sie dann den magischen Kreis.
~ Rufen Sie die Himmelsrichtungen und die Elemente an.
~ Visualisieren Sie die Person und vor allem auch Situationen, in denen Sie beide bereits glücklich waren oder die Sie sich künftig vorstellen könnten.
~ Geben Sie sich Ihrem Wunsch und/oder Ihrer Affirmation hin. Konzentrieren Sie sich ganz darauf – etwa zehn Minuten sollten Sie so intensiv wie nur möglich dabeibleiben.
~ Beenden Sie dann das Ritual: Bedanken Sie sich bei den Himmelsrichtungen, den Elementen und den Geistern, denen Sie vertrauen.
~ Öffnen Sie den magischen Kreis und löschen Sie die Kerzen.
~ Wenn Sie mögen, bereiten Sie ein Liebesmahl zu.

Das Wunschsäckchen

Ihre magische Arbeit wird verstärkt, wenn Sie den Wunschzettel bzw. die aufgeschriebene Affirmation während des Rituals in ein Säckchen geben. Sie können auch entsprechende Kräuter dazugeben: Sandelholz, Rosenblätter, getrocknete Jasminblüten. Das Säckchen wird dann an einem nur Ihnen bekannten Ort aufbewahrt. War Ihre Arbeit erfolgreich, vergraben Sie den Zettel samt Säckchen an einem Ort, der Ihnen viel bedeutet.

Liebeszauber nach alter Tradition

Aus Überlieferungen stammen die folgenden Liebeszauber, die Sie in Ihr Ritual einbauen können:

~ Wenn Sie wollen, dass eine geliebte Person zu Ihnen kommt, nehmen Sie während des Rituals eine Schreibfeder, tauchen sie in rote Tinte und schreiben damit Ihrer beider Namen auf ein Stückchen weißes Papier, und zwar so klein wie nur möglich. Ziehen Sie drei Ringe um die Namen und falten Sie das Papier danach zusammen. Genau um 21 Uhr vergraben Sie das gefaltete Papierstückchen in der Erde, ohne jemand anderem gegenüber auch nur ein Wort darüber zu verlieren. Die geliebte Person wird bald erscheinen; und selbst wenn zwischen ihr und Ihnen Unstimmigkeiten herrschen sollten, werden diese bald beigelegt sein.

~ Um zu erreichen, dass eine geliebte Person an Sie denkt, tun Sie während des Rituals Folgendes: Sie nehmen eines Ihrer Kopfhaare, halten es vor die Lippen und blasen es an, und zwar in die Richtung, in der sich die geliebte Person befindet. Während Sie das tun, sprechen Sie dreimal den Namen der betreffenden Person aus. Sie müssen bei dieser Handlung unbedingt allein sein. Denken Sie vorher konzentriert mindestens 15 Minuten lang an die betreffende Person.

~ Kräuter helfen beim Schreiben: Reiben Sie einen Briefbogen während des Rituals mit duftendem Lavendel ein und schreiben Sie mit karminroter Tinte. Auf diese Weise erfüllen sich die von Ihnen geäußerten Wünsche.
~ Ein Kräutersäckchen kann das Ritual ebenfalls verstärken: Füllen Sie einen Stoffbeutel mit Salbei, Rosmarin und Thymian und bewahren Sie diesen unter Ihrem Kopfkissen auf. Man kann den Stoffbeutel auch direkt auf der Haut tragen. Alle sieben Tage sollen die Kräuter mit sieben Tropfen Bergamotte-Öl beträufelt werden. Schon bald geht Ihr Liebeswunsch in Erfüllung.
~ Geben Sie die Blütenblätter von roten Rosen und von Geißblatt zusammen mit gemahlenen Veilchenwurzeln, Piment und einer eigenen Haarlocke in ein selbst genähtes Musselinsäckchen. Tränken Sie dieses mit Kiefernnadelöl und legen Sie es unter Ihr Kopfkissen.

Liebestrank und Liebesbad

Ihr Liebesritual wird noch größere Wirkung haben, wenn Sie sich (und auch Ihrem Partner) einen Liebeswein kredenzen. Hier drei Rezepte:

Aqua Mirabilis kennt man seit dem 17. Jahrhundert. Mischen Sie je knapp $1/2$ Teelöffel Zimt, Ingwer, Thymian, Rosmarin, geriebene Muskatnuss und Galgantwurzel. Alle Gewürze im Mörser fein reiben und dann einem $1/2$ Liter sehr guten Rotwein zugeben. Etwa eine Woche lang ziehen lassen, abseihen und in eine edle Glaskaraffe abfüllen. Schenken Sie sich während des Rituals davon ein und servieren Sie beim nächsten Rendezvous auch Ihrem Liebsten ein Glas.

Druiden-Trunk besteht aus einem Aufguss (300 ml Wasser), der je einen Zweig Kerbel, Heidekraut, Geißblatt, Roten Klee und Eisenkraut enthält. Diesen Aufguss einen Tag stehen lassen und dann abgeseiht an einem kühlen Ort aufbewahren. Wenn Sie zum Ritual Rotwein trinken, geben Sie einen Esslöffel des Druiden-Trunks ins Glas.

Koriander-Wein erhalten Sie, wenn Sie $1/4$ Teelöffel zerstoßenen Koriander in ein Glas mit angewärmtem Weißwein geben. Singen Sie dabei die Worte: „Warmer Samen stärkt die Liebe, warmes Herz – nichts wird uns entzweien." Trinken Sie diesen Wein mit Ihrem Partner und besiegeln Sie damit Ihre Liebe.

Sie können Ihrem Ritual auch ein Liebesbad hinzufügen.

~ Ein Säckchen Rosenknospen im Badewasser hilft demjenigen, der sich verlieben möchte. Er wird nach dem Bad eine magische Wirkung verspüren.

~ Ein Bad für Liebeszauber kann man auch aus folgender Essenz mischen: Kochen Sie einen Sud aus Rosmarin und Thymian und fügen Sie gemahlene Liebstöckel- und Veilchenwurzel hinzu, diese Mischung in einen irdenen Topf geben. Vor dem Bad noch einmal gut umrühren und abgeseiht ins Badewasser geben.

Das wichtigste Zubehör für das Liebesritual

Alles was zu einem erfolgreichen Liebesritual gehört, zeigt Ihnen die folgende Tabelle:

Farbe	~ Rot ~ Rosa
Element	~ Wasser und Erde
Metall	~ Kupfer ~ Silber
Edelstein	~ Rosenquarz ~ Jade
Pflanzen	~ Blumen: Rose, Malve ~ Bäume: Birke, Erle, Birne ~ Kräuter: Fenchel, Myrrhe, Majoran, Pfefferminze, Rosmarin, Waldmeister ~ Früchte: Apfel, Aprikose, Erdbeere, Pfirsich ~ Gemüse: Artischocke, Sellerie, Spargel, Tomate

Speisen	~ Aal	~ Wildhase
	~ Austern	~ Hirsch
	~ Hummer	~ Steaks
	~ Kaviar	~ Lamm
	~ Krabben	~ Geräuchertes
Planet	~ Venus	
Phase des Mondes	~ Zunehmender Mond im Stier für irdische und sinnliche Liebe	
	~ Zunehmender Mond im Krebs für die Liebe zu Familie/Heim	
	~ Zunehmender Mond im Skorpion für Sexualität	
	~ Vollmond, um Energie und Selbstliebe zu fördern	
Bester Tag	Freitag	
Tageszeit	Dämmerung	
Beste Stunde	~ Freitags 6–7 Uhr morgens	
	~ Freitags 13–14 Uhr mittags	
	~ Freitags 20–21 Uhr abends	
	~ Freitags 3–4 Uhr nachts	
	~ alle Venusstunden	
Düfte/Räucherwerk	~ Honig	~ Rose
	~ Jasmin	~ Sandelholz
	~ Patschuli	~ Vanille
Visualisierung	~ schöne Situationen aus der Vergangenheit	
	~ schöne Vorstellungen der Zukunft	
Gewürze	~ Basilikum	~ Safran
	~ Ingwer	~ Vanille
	~ Kardamom	~ Zucker
	~ Muskat	~ Zimt
Getränke	~ Champagner	
	~ Milch	
	~ Rotwein	

Gegenstände	~ Wunschzettel/Affirmation
	~ hübsches Briefpapier
	~ rote Tinte
	~ Stoffsäckchen
	~ getrocknete Rosenblätter
	~ getrocknete Jasminblüten
	~ Foto des Partners/der Partnerin
	~ Kleidungsstück
	~ Schmuck
	~ Haarsträhne des Partners/der Partnerin

Die „offenbarten Geheimnisse der natürlichen Magie"

Mit diesem Untertitel erschien 1849 das bereits erwähnte Buch „Das sechste und siebente Buch Mosis", in dem der „magisch-sympathetische Hausschatz" enthalten war. In diesem Teil des Buches sind „Zauberformeln, Heilsprüche und Schutzsegen wider allerlei Anfechtungen" enthalten. Und natürlich findet man hier auch manchen Liebeszauber.

Womit man Männer verliebt macht

Im „magisch-sympathetischen Hausschatz" werden Speisen und Getränke aufgeführt, die „Männer geneigt machen". Darin werden Beschwörungen und Gegenstände genannt, die dafür sorgen sollen, dass die Liebe in die richtige Bahn gelenkt wird. In den meisten Fällen gab man dem Geliebten heimlich etwas vom eigenen Körper ins Essen oder in seine Kleidung: ein Haar, etwas getrocknetes Blut oder ein Stück Zucker, das man mit Speichel oder Schweiß getränkt hatte. Diese uns heute unappetitlich erscheinenden Praktiken haben ihren Ursprung darin, dass man glaubte, Körperflüssigkeiten wie Speichel, Schweiß und auch Blut würden die Seele des Menschen in sich tragen. Nahm ein anderer dies zu sich, konnte man Macht über ihn gewinnen.

Heute ebenfalls kaum mehr vorstellbar ist dieses Rezept: „Die Frau spicke ein Schweineherz mit Nadeln und koche es dann mehrere Stunden in einem Sud." Damit soll der Bräutigam „gezwungen" werden, zu ihr zu kommen. Auch das dreimalige Klopfen gegen das Fußende des Bettes um Mitternacht sollte diese Wirkung haben – wenn man sich den Betreffenden gleichzeitig mit aller Macht herbeiwünschte. Hilfreich sollte auch ein Kuchen sein, dessen Zutaten – vor allem Mehl und Honig – man jedoch stehlen musste.

Womit man Frauen verliebt macht

Selbstverständlich sind im „magisch-sympathetischen Hausschatz" auch Liebeszauber enthalten, die Männer gegenüber Frauen anwenden können. Allerdings sind es bei weitem nicht so viele wie für den umgekehrten Fall. So sollte der Mann zum Beispiel ein während des Ave Maria gepflücktes Kleeblatt heimlich in den Schuh seiner Liebsten legen – dann würde sie ihm immer nachlaufen. Ein weiteres Rezept möchte ich Ihnen wörtlich zitieren: „Möchtest du gern ein hübsches Mädchen an dich binden, so trage zwei Laubfrösche in einen Ameisenhaufen und gehe so schnell als möglich und ohne dich umzusehen gegen den Wind davon. Nach einiger Zeit untersuche den Ameisenhaufen, und du wirst von den Skeletten der Laubfrösche zwei Knöchelchen in Gestalt einer Hacke und einer Schaufel finden. Hängst du die Hacke dem Mädchen an die Kleider, ohne dass es bemerkt wird, so kann es nicht von dir lassen. Sollte es dir aber später nicht mehr gefallen, so darfst du es nur mit dem Schäufelchen anrühren und es zieht sich von dir zurück."

Liebesorakel

Solche Orakel sind heute oft nur noch ein beliebtes Gesellschaftsspiel. Wer ernsthaft mehr über seine Zukunft in der Liebe herausfinden will, sollte sich eher mit Tarotkarten oder Pendeln

(Kapitel 6) befassen. Dennoch möchte ich Ihnen ein paar alte Liebesorakel vorstellen:

~ Sie wollen herausfinden, wen Sie heiraten werden? Dann nehmen Sie ein Glas Wasser und legen quer darüber, gewissermaßen wie eine winzige Brücke, ein kleines Stückchen Holz. Dann stellen Sie dieses Glas mit dem Hölzchen vor dem Schlafengehen unters Bett. Achten Sie während der Nacht auf Ihre Träume. Wahrscheinlich kommt darin eine Situation vor, in der Sie eine Brücke überqueren und von ihr hinunter ins Wasser fallen – Sie werden aber gerettet. Versuchen Sie, sich am nächsten Morgen daran zu erinnern, wer Ihnen im Traum die rettende Hand reichte: Dies wird Ihr Bräutigam bzw. Ihre Braut sein.

~ Wenn Sie irgendwo zu Besuch sind und das erste Mal im fremden Bett schlafen, dann „taufen" Sie die vier Ecken des Bettes mit den Namen von vier Personen, mit denen Sie sich eine Liebesbeziehung vorstellen könnten. Wenn Sie am nächsten Morgen erwachen, zeigt die Bettecke, auf die Ihr erster Blick fällt, die Person an, in die Sie sich verlieben werden.

~ Wenn Sie zu einer Hochzeit geladen sind, nehmen Sie sich ein Stückchen des Hochzeitskuchens mit nach Hause. Umhüllen Sie es sorgfältig mit einem Tüchlein und legen Sie es unter Ihr Kopfkissen. In der Nacht werden Sie von der Person träumen, die Sie heiraten werden.

~ Nehmen Sie aus einem normalen Spielkartenpäckchen alle Buben, Königinnen und Könige heraus und stecken Sie diese Karten – nachdem Sie ohne hinzusehen gut gemischt haben – in einer Nacht von Freitag auf Samstag in eine Socke oder in einen Strumpf. Legen Sie diesen unter Ihr Kopfkissen und lassen Sie den umhüllten Packen den ganzen Samstag und die folgende Nacht so liegen. Wenn Sie am Sonntagmorgen erwachen, ziehen Sie – natürlich ohne bewusst auszuwählen – irgendeine der Karten aus dem Strumpf. Ist es ein König, werden Sie schon bald den Richtigen finden. Eine Königin deutet auf Verzögerung hin. Ein Bube verrät, dass jemand Ihnen gegenüber keine ernsthaften Absichten hegt und nur seinen Spaß haben möchte. Eine Herzkarte bedeutet treue Liebe, eine Karokarte Geld; Pik deutet auf Grundbesitz. Eine Kreuzkarte verheißt zwar kein Geld, dafür aber große Zuneigung und Liebe.

~ Schreiben Sie fünf verschiedene Namen auf je einen Zettel und legen Sie diese unter fünf Zwiebeln, die dann an einem warmen, sonnigen Ort – am besten auf der Fensterbank – aufbewahrt werden. Der Zettel, bei dem die darauf liegende Zwiebel zuerst Keimblätter treibt, gibt die Antwort auf die Frage nach dem Namen Ihres zukünftigen Liebsten.

~ Bekannt ist das Apfelorakel: Nehmen Sie einen Apfel und schälen Sie diesen in einem Zug (also ohne das Schneiden zu unterbrechen). Immer dann, wenn Sie den Apfel in Ihrer Hand drehen, sagen Sie laut die Buchstaben des Alphabets vor sich hin. Wenn Sie den Apfel gänzlich geschält haben, ist der letzte Buchstabe, den Sie ausgesprochen haben, der Anfangsbuchstabe des Namens Ihres Lebenspartners. Oder Sie schälen den Apfel – ebenfalls ohne abzusetzen – und werfen die lange Schale über die linke Schulter nach hinten. Dann betrachten Sie, welche Form die gefallene Apfelschale bildet und welchem Buchstaben sie am meisten ähnelt. Das ist dann der Anfangsbuchstabe des Namens Ihrer oder Ihres Liebsten.

~ Bevor Sie sich in einem fremden Bett schlafen legen, lassen Sie sich ein Glas Wasser geben, geben eine Prise Salz hinein und trinken es schnell in einem Zug aus. Sprechen Sie nicht mehr, nachdem Sie getrunken haben, sondern gehen Sie gleich zu Bett. Ihr Traum wird Ihnen dann eine wichtige Liebesbotschaft bringen.

~ Nehmen Sie zwei Zitronenschalen und tragen Sie diese tagsüber ständig bei sich (in der Tasche, in der Geldbörse oder dergleichen). Am Abend, wenn Sie zu Bett gehen, reiben Sie mit den Schalen kurz das Kopf- und Fußende Ihres Bettes. Wenn Sie danach träumen, dass Ihr Liebster bzw. Ihre Liebste Ihnen eine oder mehrere Zitronen überreicht, können Sie sicher sein, dass Ihre Liebe erwidert wird.

Eheorakel

Wer frisch verheiratet ist, glaubt natürlich fest an die Liebe und immer währendes Glück. Rund um den Hochzeitstag gibt es eine ganze Reihe von Orakeln:
~ Zerreißt die Braut zufällig den Schleier, bringt das Glück.
~ Regnet es am Hochzeitstag, ist das ein Zeichen für Glück.
~ Wer mit Schimmeln zur Kirche fährt, hat Glück in der Ehe.
~ Braut und Bräutigam bekommen ins Hochzeitsgewand auch Brotstückchen gesteckt. Das trägt dazu bei, dass sie in Haus und Wirtschaft gut vorwärts kommen.
~ Vom Hochzeitsbrot muss etwas aufgehoben werden, auf dass es den Eheleuten an nichts mangele.
~ Das Brot aus dem Hochzeitshaus ist allen Glück bringend, wenn die junge Braut selbst es aufgeschnitten hat.
~ Trifft das Brautpaar auf dem Weg zur Kirche auf einen Leichenwagen, stirbt bald einer von beiden.
~ Nimmt ein fallender Stern eine bestimmte Richtung auf ein Haus, so deutet das auf einen baldigen Todesfall hin.

Gesundheit aus dem Hexenkessel

Mischt, ihr alle, mischt am Schwalle!
Feuer brenn' und Kessel, walle!
SHAKESPEARE, MACBETH, 4. AKT, 1. SZENE

Der Hexenküche haftete schon immer etwas Unheimliches an. Und so wird sie auch in der Literatur beschrieben: In Shakespeares „Macbeth" zum Beispiel kommen drei Hexen vor, die sich gemeinsam um einen Kessel versammelt haben und ein grausiges Süppchen zusammenbrauen: Da schmoren Schlangenkopf und Molchaugen, Unkenzehen und Hundemaul, Krähenhirn und Eidechsenknochen, Federflaum vom Kauz und Wolfszahn, Haifischrachen und Schierlingswurz, Eibenzweige und sogar Tigereingeweide gemeinsam im Topf. Kein ganz so leckeres Rezept, meinen Sie? Keine Angst – solch ein Süppchen möchte ich Ihnen in diesem Kapitel nicht anbieten.

Magische Zutaten

Viele Lebensmittel haben eine symbolische Bedeutung: Pilze etwa hat man immer mit Magie in Verbindung gebracht. Man denke nur an den Fliegenpilz, der mit den Flugkünsten der Hexen zu tun haben soll. Tollkirsche und Bilsenkraut zählen ebenfalls zu den „Hexenpflanzen" (und sind heute als so genannte Biodrogen bekannt, mit denen man keinesfalls herumexperimentieren sollte!). Wir kennen natürlich auch den Hexen- und den Satanspilz. Allein diese Namen weisen darauf hin, dass Pilze den Menschen „unheimlich" waren und man sie deshalb mit Hexerei und Zauberei verband. Von alters her gelten beispielsweise

~ Haselnüsse als Weisheit bringend,
~ rote süße Kirschen und Äpfel als Symbol der Liebe,
~ Knoblauch als Schutzmittel gegen Dämonen und böse Geister.

Vielen Speisen sagt man zudem aphrodisierende Wirkung nach. Bei manchen ist diese wissenschaftlich erwiesen. Bei anderen dagegen ist wohl eher der Wunsch der Vater des Gedankens.

Die Magie der Lebensmittel

Wer als Hexe in der Küche magisch wirken möchte, sollte wissen, dass sich die meisten Lebensmittel nach den vier Elementen und/oder den Sternzeichen einteilen lassen. Natürlich müssen Sie sich nicht an ein „echtes" Herdfeuer und einen Hexenkessel stellen, Sie können durchaus moderne technische Küchengeräte benutzen. Ich selbst tue das natürlich auch, bin allerdings beim magischen Arbeiten nicht so angetan davon, mit der Mikrowelle zu kochen. Aber lassen Sie sich da von mir nicht beeinflussen.

Aus alten Überlieferungen kennen wir viele Lebensmittel, die magische Wirkung haben.

Magische Wirkung für	Lebensmittel
Energie	~ Obst/Nüsse: Cashewnüsse, Pinienkerne, Preiselbeeren
	~ Gewürze: Basilikum, Brunnenkresse, Estragon, Pimpernelle, Schnittlauch, Thymian, Wacholderbeeren
	~ Gemüse/Salat: Artischocken, Lauch, Karotten, Meerrettich, Paprika, Peperoni, Pfifferlinge, Rettich, Zwiebeln
	~ Getränke: Kaffee
	~ Sonstiges: Erdnussöl, Haselnussöl, Olivenöl, Sesamöl, Sonnenblumenöl, Traubenkernöl, Walnussöl, Senf

Magische Wirkung für	Lebensmittel
Erfolg	~ Obst/Nüsse: Walnuss, Sesam
	~ Gewürze: Balsamessig, Borretsch, Liebstöckel, Lorbeer, Muskat, Safran, Salbei
	~ Gemüse/Salat: Löwenzahn, Oliven, Sauerampfer, Spargel, Spinat
	~ Fleisch/Fisch: –
	~ Getränke: Rotwein
	~ Sonstiges: Reis, Zucker
Geld Wohlstand Geschäfte	~ Obst/Nüsse: Birnen, Brombeeren, Korinthen, Kürbis, Cashewnüsse, Pinienkerne
	~ Gewürze: Borretsch, Dill, Kümmel, Majoran, Muskat, Nelken, Petersilie, Salbei
	~ Gemüse/Salat: Endivien, Karotten, Kohl, Kopfsalat, Löwenzahn, Rote Bete, Sauerampfer, Spargel, Spinat, Tomaten
	~ Fleisch/Fisch: –
	~ Getränke: –
	~ Sonstiges: Erdnussöl, Honig
Gesundheit	~ Obst/Nüsse: Äpfel, Kürbis, Mandeln, Sesam
	~ Gewürze: Estragon, Knoblauch, Liebstöckel, Pfefferminze, Rosmarin, Safran, Salbei
	~ Gemüse/Salat: Fenchel, Gurken, Kohlrabi, Oliven, Paprika, Rosenkohl, Tomaten, Zucchini
	~ Fleisch/Fisch: –
	~ Getränke: Rotwein
	~ Sonstiges: Honig, Joghurt, Olivenöl, Sesamöl

Magische Wirkung für	Lebensmittel
Harmonie Frieden	~ Obst/Nüsse: Aprikosen, Holunderbeeren, ~ Rhabarber, Weintrauben ~ Gewürze: Kardamom, Melisse, Nelken, Oregano, Safran, Waldmeister ~ Gemüse/Salat: Blumenkohl, Champignons, Erbsen, Kartoffeln, Kohl, Kohlrabi, Linsen, Rosenkohl, Sellerie, Steinpilze, Zucchini, alle Salate ~ Fleisch/Fisch: alle Fische und Schalentiere ~ Getränke: Weißwein, Bier, Milch ~ Sonstiges: Butter, Eiskrem, Joghurt, Traubenkernöl, Zucker
Lebensfreude	~ Obst/Nüsse: Kürbis, Haselnüsse, Mandeln, Sesam ~ Gewürze: Kardamom, Liebstöckel, Vanille, Waldmeister ~ Gemüse/Salat: Endivien, Erbsen, Paprika ~ Fleisch/Fisch: – ~ Getränke: Rotwein ~ Sonstiges: Eiskrem, Himbeeressig, Reis, Schokolade
Liebe Leidenschaft	~ Obst/Nüsse: Apfel, Aprikose, Erdbeeren, ~ Kirschen, Korinthen, Mandeln, Orangen Pfirsiche ~ Gewürze: Anis, Apfelessig, Dill, Kardamom, Koriander, Melisse, Nelken, Petersilie, Pfefferminze, Vanille, Wacholder, Waldmeister, Zimt ~ Gemüse/Salat: Artischocken, Bohnen, Erbsen, Karotten, Kartoffeln, Oliven, Rettich, Sellerie, Spargel, Tomaten ~ Getränke: Milch ~ Sonstiges: Eiskrem, Honig, Zucker

Magische Wirkung für	Lebensmittel
Mystische Erkenntnis	~ Obst/Nüsse: Haselnüsse
	~ Gewürze: Anis, Bohnenkraut, Lorbeer, Muskat, Thymian
	~ Gemüse/Salat: Blumenkohl, Brokkoli, Champignons, Löwenzahn, Pfifferlinge, Sellerie, Steinpilze, Zucchini
	~ Fleisch/Fisch: alle Fische und Schalentiere
	~ Getränke: –
	~ Sonstiges: Butter, Joghurt
Schutz Reinigung	~ Obst/Nüsse: –
	~ Gewürze: Brunnenkresse, Estragon, Knoblauch, Kümmel, Lavendel, Pfeffer, Pfefferminze, Salz, Schnittlauch, Thymian, Wacholderbeeren
	~ Gemüse/Salat: Blumenkohl, Brokkoli, Karotten, Kohl, Meerrettich, Peperoni, Porree, Rosenkohl, Zwiebeln
	~ Fleisch/Fisch: –
	~ Getränke: –
	~ Sonstiges: Apfelessig, Balsamessig, Himbeeressig, Käse
Verstand Logik	~ Obst/Nüsse: Haselnüsse, Walnüsse, Zitrone
	~ Gewürze: Bohnenkraut, Dill, Kerbel, Koriander, Kümmel, Lavendel, Majoran, Oregano, Petersilie, Rosmarin
	~ Gemüse/Salat: Endivien, Fenchel
	~ Fleisch/Fisch: –
	~ Getränke: –
	~ Sonstiges: Haselnussöl, Walnussöl

Magische Rezepte

Für besondere Rituale sollten Sie auch besondere Speisen zubereiten. Am besten wählen Sie Lebensmittel aus der obigen Liste. Es wird Ihnen nicht schwer fallen, daraus Gerichte oder sogar ganze Menüs zuzubereiten. An hohen Hexenfeiertagen sollten Sie sich außerdem noch ein besonderes Getränk gönnen. Aus einem alten Hexenbuch stammen die folgenden Rezepte für Ritualweine:

~ **Ritualwein** aus 1 Liter Rotwein, je 1 Teelöffel Kardamom, Nelkenblüten, Hyazinthenblüten, Mistel und Vanille. Zubereitung: Den Wein mit den Gewürzen aufkochen. Abkühlen lassen und dann durchsieben.

~ **Beltanewein** aus 1 Liter Rotwein, je 1 Teelöffel pulverisierter Gartenkresse, Nelkenblüten, Anis und Vanille. Dazu gibt man je _ Teelöffel Leinsamen und Muskat. Zubereitung: Man mischt den Wein mit den Gewürze, lässt alles gut aufkochen und dann etwa 15 Minuten ziehen. Danach siebt man den Wein durch und füllt ihn in ein geeignetes Gefäß um.

~ **Samhain-Wein** aus 1 Liter Rotwein, 3 Teelöffeln Bienenhonig, je 1 Teelöffel Zimt, Majoran, Basilikum und Rosmarin. Zubereitung: Man mischt den Wein mit den Gewürzen und lässt alles gut aufkochen und dann etwa 15 Minuten ziehen. Danach siebt man den Wein durch und füllt ihn in ein geeignetes Gefäß um.

~ **Imbolc-Wein** aus 1 Liter Rotwein, 1 Eigelb, 1 Stange Zimt, 4 Teelöffeln Bienenhonig, 3 Teelöffeln Zucker, je 1 Teelöffel Kardamom und Salbei sowie $1/2$ Teelöffel gemahlenem Ingwer. Zubereitung: Man mischt den Wein mit den Gewürzen, lässt alles gut aufkochen und dann etwa 15 Minuten ziehen. Danach siebt man den Wein durch und füllt ihn in ein geeignetes Gefäß um.

Beltane-, Samhain- und Imbolc-Wein kann man auch gut beim Vollmondritual trinken. Alle drei haben allgemein gesundheitsfördernde Wirkung und regen darüber hinaus die magische Energie an. Außerdem sollen diese Weine aphrodisierend wirken.

Nahrung im Mond-Tierkreis

Vielleicht haben Sie schon einmal festgestellt, dass Ihnen das gleiche Gericht einmal gut, an einem anderen Tag jedoch weniger gut bekommt. Bei der jeweiligen Verträglichkeit kann der Mond eine Rolle spielen. Führen Sie ein paar Wochen lang Tagebuch über Ihre Befindlichkeiten und vergleichen Sie Ihre Aufzeichnungen dann mit den Mondphasen – Sie werden sehen: Bei zunehmendem Mond hat man leicht einmal ein Völlegefühl; bei abnehmendem Mond bekommen uns selbst blähende Gemüse wie Erbsen, Bohnen oder Kohl besser. Selbstverständlich spielt auch bei unserem Gewicht der Mond mit: Bei zunehmendem Mond nehmen wir eher etwas zu – auch wenn wir uns „normal" ernähren. Bei abnehmendem Mond dagegen können wir unser Gewicht halten, selbst wenn wir ein wenig schlemmen und nicht allzu sehr auf „Dickmacher" achten.

Alle Lebensmittel lassen sich nach den bekannten vier Elementen (siehe auch Kapitel 1) einteilen. Daraus ergibt sich wiederum: Alle Lebensmittel unterstehen auch den zwölf Tierkreiszeichen. Und je nachdem, welches Lebensmittel Sie gerade genießen und welches Sternzeichen der Mond momentan durchläuft, so wird auch die magische Wirkung sein. Am besten legen Sie sich einen Mondkalender zu: Darin ist für jeden Tag das entsprechende Tierkreiszeichen eingetragen. Wenn Sie bei der Zubereitung dann noch auf die richtigen Stunden achten, kann beim magischen Kochen eigentlich nichts mehr schief gehen. Ein Blick auf die Tabelle der magischen Stunden (Kapitel 7) verrät Ihnen außerdem, welcher Planet gerade herrscht. Wer dies bei der Zubereitung beherzigt, wird sicherlich Erfolg haben.

Kochen für	Planetenstunde
Erfolg	Merkur
Geld/Wohlstand	Jupiter
Gesundheit	Sonne
Glück/Wunscherfüllung	Jupiter
Intuition	Mond
Kreativität	Sonne
Liebe	Venus
Recht/Gerechtigkeit	Saturn
Schutz und Bannung	Mond
Vitalkraft	Sonne
Willenskraft	Mars

Die richtige Auswahl der Nahrung

Als Hexe sollten Sie darauf achten, dass Sie stets eher zu Lebensmitteln greifen, die im Jahreslauf gerade Saison haben: Das verlangt schon das Prinzip unseres Lebens im Einklang mit der Natur und den natürlichen Zyklen. Deshalb müssen Sie nicht gänzlich auf exotische Genüsse verzichten. Aber auch Gemüse oder Obst, Getränke oder Gewürze aus fernen Ländern sollten nach Möglichkeit naturbelassen sein. Es ist nicht immer einfach, solche Lebensmittel zu bekommen. Verzichten Sie jedoch lieber auf besonders „Ausgefallenes", bevor Sie auf bestrahlte oder chemisch behandelte Nahrungsmittel zurückgreifen.

Lebensmittel im Element Luft

Zu den so genannten Luftzeichen rechnet man die Tierkreiszeichen Zwillinge, Waage und Wassermann. Ganz allgemein sind an den Lufttagen vor allem fett- und ölhaltige Lebensmittel zu empfehlen sowie alle Speisen, die mit Fett bzw. Öl zubereitet werden. Beim Obst findet man hier lediglich die Blüten mancher Pflanzen, bei Fetten und Ölen dagegen eine relativ große Auswahl.

An Tagen, an denen der Mond in der Waage steht, sollte man außerdem besonders darauf achten, den Tisch hübsch zu dekorieren und auch die Speisen auf besondere Art und Weise zu arrangieren – vielleicht verziert oder nach farblichen Gesichtspunkten angeordnet.

An Tagen, an denen der Mond im Wassermann steht, verträgt unser Körper alle extravaganten und exotischen Genüsse besonders gut.

Zum Element Luft zählen
~ bei Obst: Holunderblüten, Malven;
~ bei Gemüse: Artischocken, Avocados, Blumenkohl, Brokkoli, Kürbisblüten, Oliven, Rosenkohl, Zucchiniblüten;
~ bei Getreide: Gerste, Hafer, Weizen;
~ bei Fleisch und Fisch: Ente, Gans, Rind, Wachtel, Wildschwein; Aal, Lachs, Tunfisch;
~ bei Gewürzen und Samen: Safran, Sesam, Senf, Haselnüsse, Kastanien, Kokosnüsse, Mandeln, Mohn, Pinienkerne, Pistazien, Sonnenblumenkerne, Walnüsse;
~ bei Fetten und Ölen: Butter, Distelöl, Olivenöl, Weizenkeimöl;
~ bei sonstigen Lebensmitteln: Sahne, Kaffee, Kakao, Kokosmilch, Marzipan, Nudeln.

Lebensmittel im Element Feuer

Zu den Feuerzeichen rechnet man die Tierkreiszeichen Widder, Löwe und Schütze. Ganz allgemein sind an den Feuertagen eiweißhaltige Speisen zu empfehlen. Es gibt eine große Auswahl bei Obst und auch bei Milch und Milchprodukten.

~ An Tagen, an denen der Mond im Widder steht, verträgt man scharfe Gewürze besonders gut.
~ An Tagen, an denen der Mond durch den Löwen zieht, sollte man vor allem mit außergewöhnlichen Lebensmitteln schlemmen.
~ An Tagen, an denen der Mond im Schützen steht, genießt man am besten exotische Speisen und Gewürze.
Zum Element Feuer zählen
~ bei Obst: Ananas, Äpfel, Aprikosen, Birnen, Brombeeren, Datteln, Erdbeeren, Feigen, Hagebutten, Grapefruit, Heidelbeeren, Himbeeren, Holunderbeeren, Kirschen, Kiwi, Mango, Orangen, Pfirsiche, Pflaumen, Preiselbeeren, Quitten, Rote Johannisbeeren, Sauerkirschen, Stachelbeeren, Schwarze Johannisbeeren, Süßkirschen, Trauben, Zitronen;
~ bei Gemüse: Buschbohnen, Erbsen, Kidneybohnen, Linsen, Mungobohnensprossen, Paprikaschoten, Rote Bohnen, Saubohnen, Sojabohnen, Tomaten;
~ bei Fleisch und Fisch: Fasan, Hammel, Hase, Hirsch, Huhn, Kalb, Lamm, Pute, Reh, Schaf, Ziege; Forelle, Kaviar, Languste, Shrimps, Karpfen, Scholle, Tintenfisch;
~ bei Gewürzen und Samen: Chili, Curry, Paprika (scharf), Pfeffer, Tabasco;
~ bei Milch und Milchprodukten: Frischkäse, Joghurt, Käse, Milch, Sauermilch, Parmesan, Quark, Schafskäse;
~ bei sonstigen Lebensmitteln: Eier.

Lebensmittel im Element Wasser

Zu den Wasserzeichen rechnet man die Tierkreiszeichen Krebs, Skorpion und Fische. Ganz allgemein geht man davon aus, dass den Wasserzeichen kohlenhydrat- und stark wasserhaltige Speisen zugeordnet werden. Fleisch zählt nicht dazu; die Auswahl bei Gemüse ist dagegen sehr groß.
~ An Tagen, an denen der Mond im Krebs steht, sind zusätzlich Meerestiere zu empfehlen.

~ An Tagen, an denen der Mond im Skorpion steht, genießen Sie als besonderes Extra vor allem Blattgemüse.
~ An Tagen, an denen der Mond die Fische durchläuft, verarbeitet unser Körper Pilzgerichte besonders gut.

Zum Element Wasser zählen
~ bei Obst: Bananen, Melonen, Rhabarber;
~ bei Gemüse: Auberginen, Bataviasalat, Eisbergsalat, Endivien, Essiggurken, Feldsalat, Kohl, Kohlrabi, Kopfsalat, Kürbis, Mangold, Radicchio, Sauerampfer, Sauerkraut, Schikoree, Spinat, Sprossen, Wirsing, Zucchini;
~ bei Getreide: Buchweizen, Couscous, Dinkel, Grünkern, Hirse, Mais, Reis;
~ bei Fisch und Meeresfrüchten: Algen, Austern, Hering, Hummer, Miesmuscheln;
~ bei Gewürzen: Beifuß, Kresse, Pfefferminze; brauner Zucker, Essig;
~ bei Getränken: Likör, Rotwein, Honigwein, Reiswein, Weißwein, Brandy, Champagner, Gemüsesäfte, grüner Tee;
~ bei sonstigen Lebensmitteln: Ahornsirup, Austernpilze, Champignons, Hefe, Honig, Löwenzahn, Morcheln.

Lebensmittel im Element Erde

Zu den so genannten Erdzeichen zählen die Tierkreiszeichen Stier, Jungfrau und Steinbock. Ganz allgemein geht man davon aus, dass diesen Erdzeichen vor allem Wurzelpflanzen sowie grüne und/oder salzige Speisen zugeordnet sind. Obst, Fleisch und Fisch zählen dagegen nicht dazu.
~ An Tagen, an denen der Mond im Stier steht, sind alle Gewürze und Speisen, die gut duften, empfehlenswert.
~ An Tagen, an denen der Mond in der Jungfrau steht, nimmt der Körper getrocknete Lebensmittel und Gewürze besonders gut auf.
~ An Tagen, an denen der Mond den Steinbock durchwandert, sollte man sich mit einfachen sowie haltbaren Speisen begnügen.

Zum Element Erde zählen
- bei Gemüse: Bataten (Süßkartoffeln), Fenchel, Gurken, Kartoffeln, Knoblauch, Kohlrüben, Lauch, Meerrettich, Möhren, Pastinaken, Radieschen, Rettiche, Rote Bete, Schalotten, Schwarzwurzeln, Sellerie, Spargel, Steckrüben, Zwiebeln;
- bei Gewürzen und Samen: Basilikum, Estragon, Ingwer, Kapern, Kardamom, Koriander, Kümmel, Muskat, Nelken, Oregano, Paprika (edelsüß), Rosmarin, Salbei, Salz, Schnittlauch, Thymian, Zimt; Erdnüsse.

Magisch-heilende Kräuter

Viele Pflanzen gelten schon seit Jahrtausenden als Heilkräuter. Als Hexe werden Sie sicherlich darauf achten, dass Sie Krankheiten weniger mit „künstlich" hergestellten Arzneien, sondern eher mit natürlichen Medikamenten behandeln. Die Anwendungsgebiete der magisch-heilenden Kräuter hängen auch davon ab, wann Sie diese Pflanzen sammeln. Beim Erntezeitpunkt halten Sie sich am besten an den Lauf des Mondes durch die einzelnen Tierkreiszeichen:

Mond im Zeichen	Heilkraut und Wirkung
Widder	Kräuter gegen Kopfschmerzen und Augenleiden – etwa Spitzwegerich, Schwarzer Holunder, Waldweidenröschen sowie Augentrost, Kamille
Stier	Kräuter gegen Halsschmerzen und Ohrenleiden – etwa als Gurgelmittel: Ackerschachtelhalm, Arnika, Brombeere, Oregano, Gartenthymian, Quitte; gegen Halsschmerzen: Saathafer; gegen Ohrenschmerzen: Knotiger Braunwurz und Zwiebel

Mond im Zeichen	Heilkraut und Wirkung
Zwillinge	Kräuter zum Inhalieren gegen Lungenleiden, auch gegen Verspannungen im Schulterbereich – etwa Lungenkraut, Brennnessel, Holunderblüten, Giersch
Krebs	Kräuter gegen Bronchitis, gegen Magen-, Galle- und Leberleiden – etwa Andorn, Borretsch, Schwarzkümmel und Spitzwegerich sowie bei Gallenbeschwerden Brunnenkresse, Oregano, Himbeere, Liebstöckel, Löwenzahn; bei Leberleiden: Gartenringelblume, Mariendistel, Wegwarte; gegen Magenbeschwerden: Bohnenkraut, Fenchel, Melisse, Pfefferminze, Basilikum, Eibisch, Kamille, Liebstöckel, Salbei, Wegwarte
Löwe	Kräuter gegen Herz- und Kreislaufbeschwerden – etwa Andorn, Gartenbohne, Herzgespann, Mistel, Knoblauch, Löwenzahn, Melisse, Rosmarin, Waldmeister
Jungfrau	Kräuter gegen Verdauungsbeschwerden, gegen Störungen der Bauchspeicheldrüse und gegen Nervenleiden – etwa Brennnessel, Bohnenkraut, Brunnenkresse, Dill, Estragon, Kamille, Koriander, Majoran, Meerrettich, Rosmarin; bei Leiden der Bauchspeicheldrüse: Faulbaum, Leinkraut; gegen Nervenleiden: Borretsch, Schwarzer Holunder, Kamille, Koriander, Waldweidenröschen

Mond im Zeichen	Heilkraut und Wirkung
Waage	Kräuter gegen Hüftleiden sowie Nieren- und Blasenkrankheiten – gegen Blasenleiden etwa Basilikum, Heidekraut, Kapuzinerkresse, Rosmarin, Zwiebeln, Birkenblätter, Brennnessel, Liebstöckel; gegen Nierenbeschwerden: Preiselbeerblätter, Löwenzahn, Birkenblätter
Skorpion (Diese Mondtage gelten als besonders gute Sammeltage für alle Kräuter!)	Kräuter gegen Krankheiten der Geschlechtsorgane. Auch zum Aussäen von Heilkräutern eignen sich diese Tage bestens. Gegen Frauenleiden helfen z. B. Frauenmantel, Erdbeerblätter, Andorn, Gänsefingerkraut; bei Männerbeschwerden (Prostata): Bärlauch, Brennnessel, Birkenblätter, Goldrute, Heidekraut, Schachtelhalm
Schütze	Kräuter gegen Venenleiden und Ischias – etwa Brennnessel, Birke, Schwarze Johannisbeere, Lavendel, Liebstöckel, Majoran, Meerrettich, Rosmarin, Silberweide (eine ganz besondere Mondpflanze!), Wacholder, Zitterpappel
Steinbock	Kräuter gegen Knochen- und Gelenkbeschwerden sowie gegen Hautkrankheiten – etwa Pfennigkraut, Arnika und Bockshornklee; bei Hautleiden: Arnika, Augentrost, Karotten, Kornblumen, Ringelblumen, Pfefferminze, Petersilie, Lavendel, Rote Bete
Wassermann	Kräuter gegen Venenleiden – etwa Haselnuss, Kamille und Weiße Taubnessel
Fische	Kräuter gegen Fußbeschwerden – etwa Scharfer Mauerpfeffer gegen Hühneraugen Sommereiche gegen Fußschweiß

Die Wirkung der Sternzeichen auf unseren Körper

Hexen wissen: Nicht jedes Zipperlein kann man an jedem beliebigen Tag mit gleich gutem Erfolg behandeln. Seit Anbeginn der Astrologie wird jeder Körperteil einem bestimmten Tierkreiszeichen zugeordnet. Diese Einteilung sieht so aus:

Tierkreiszeichen	entspricht dem Körperteil
Widder	Kopf und Gesicht
Stier	Hals und Nacken
Zwillinge	Schultern und Arme
Krebs	Brust und Magen
Löwe	Rücken und Herz
Jungfrau	Eingeweide, Darm und Solarplexus
Waage	Nieren, Eierstöcke und Lenden
Skorpion	Geschlechtsorgane
Schütze	Hüften
Steinbock	Knie
Wassermann	Fußknöchel
Fische	Füße

Magische Heilsteine

Hexen nutzen nicht nur die Kräfte der Nahrung und bestimmter Kräuter, um Heilung und Linderung von Krankheiten zu erzielen. Wir wissen auch um die Kraft der Steine. Viele Edelsteine sind laut jahrhundertelanger Überlieferung mit besonderen Kräften ausgestattet. Deshalb bestehen viele Pendel (siehe Kapitel 6) aus Kristall, und nicht umsonst schmücken viele Hexen ihren Altar mit einem besonderen Stein. Das muss nicht unbedingt ein Edelstein sein: Ein besonders geformter oder außergewöhnlich gefärbter Stein können durchaus ebenfalls magisch wirken. Das kommt ganz darauf an, was Sie persönlich mit diesem Stein verbinden.

Edelsteine gelten als Heil bringend und oft bieten sie auch Schutz gegen Geister und Dämonen. Je nach der Planetenstunde (siehe Kapitel 7) entfalten unterschiedliche Steine ihre besondere Wirkung.

Planetenstunde	Edelstein
Sonnenstunde	Bergkristall, Hyazinth, Chrysoberyll, Diamant, Sonnenstein, Rubin, grüner Achat, roter Jaspis, Goldtopas
Mondstunde	Smaragd, Opal, Aquamarin, Mondstein, helle Perlen, Nephrit, Aventurin, Goldberyll, Achat, Malachit
Marsstunde	Rubin, Granat, Almantin, Alexandrit, Hämatit, Karneol, Koralle, roter Jaspis
Merkurstunde	Beryll, Karneol, Blutstein, Heliotrop, alle Achate, Topas, Jaspis, Tigerauge, brauner Jaspis, Bernstein, Citrin, Goldtopas
Jupiterstunde	Saphir, Beryll, Türkis, Amethyst, Lapislazuli, Heliotrop, Blutjaspis, blauer Edeltopas
Venusstunde	Heller Saphir, Lapislazuli, Korallen, Hyazinth, Rosenquarz, Rhodochrosit, Rhodorit, Karneol, Achat
Saturnstunde	Onyx, Chalzedon, dunkle Perlen, Rauchtopas, schwarzer Turmalin, Malachit, Moosachat, Sardonyx

Nachfolgend möchte ich Ihnen 15 Edelsteine vorstellen, die traditionsgemäß als Heilsteine gelten. Sie enthalten positive Energien, die sie auf den Menschen übertragen. Bitte achten Sie darauf, dass Heilsteine regelmäßig von negativen Energien gereinigt werden müssen – vor allem, wenn man sie oft benutzt, aber auch, wenn man sie einige Zeit nicht in Gebrauch hatte. Nach der Reinigung und Entladung müssen die Steine erneut mit Energie „aufgetankt" werden.

- **Achat:** Er symbolisiert Schutz, vor allem in der Schwangerschaft, und zwar für Mutter und Kind. Außerdem wirkt Achat gegen Kopfschmerzen, Schwindel, fiebrige Infektionen und Hautkrankheiten. In der Psyche löst er Spannungen und vermittelt Geborgenheit. Man reinigt Achat am besten monatlich unter fließendem warmem Wasser. In der Sonne oder in einer Gruppe von Bergkristallen lädt man seine Energien wieder auf.
- **Amethyst:** Er symbolisiert die Umwandlung. Amethyst wirkt entspannend, beruhigend und fördert den Schlaf. Außerdem lässt er durch Prellungen entstandene Schwellungen zurückgehen. Bei zu niedrigem Blutdruck kann man Amethystwasser trinken. In der Psyche fördert Amethyst nachts das Träumen und ermöglicht klare Gedanken am Tag. Realitätssinn und geistige Arbeit werden unterstützt. Er hilft bei Trauer und beim Bewältigen von Verlusten. Sie reinigen und entladen den Stein monatlich unter fließendem warmem Wasser. Mit frischer Energie aufgeladen wird er durch Trommelsteine aus Hämatit (Trommelsteine sind so genannte „Handschmeichler". Sie entstehen, indem man den Rohstein mit Wasser und feinem Sand in einer Trommel bewegt. Alle Kanten und Ecken schleifen sich dabei ab). Ein Amethyst sollte niemals in der Sonne liegen!
- **Aventurin:** Er symbolisiert Geduld und Ruhe. Aventurin hilft bei Allergien, Hautirritationen, Schuppen und Haarausfall (man wäscht die betroffenen Stellen mit Aventurinwasser); außerdem wirkt er schmerzlindernd. Bei Überanstrengung beruhigt er das Herz und beugt einem Herzinfarkt vor, weil er Ablagerungen in den Venen abbaut. In der Psyche wirkt Aventurin gegen Ängste und sorgt dafür, dass man sich gut entspannen kann. Er verstärkt die individuelle Persönlichkeit und verhilft zu einer positiven Lebenseinstellung. Sie reinigen und entladen den Aventurin monatlich unter fließendem Wasser. Man kann ihn wieder aufladen, indem man den Stein in die Sonne legt.

- **Bergkristall:** Er symbolisiert Reinheit. Bergkristall stillt kleinere Blutungen. Er lindert Schmerzen, senkt Fieber und wirkt allgemein kräftigend. Im psychischen Bereich gibt Bergkristall positive Energie ab und löst Blockaden. Sie reinigen und entladen einen Bergkristall in trockenen Trommelsteinen aus Hämatit. Neue Energien bekommt er, wenn Sie ihn in die Sonne legen.
- **Bernstein:** Er symbolisiert Erfolg und verhilft zu materiellem Reichtum. Bernstein regt den Stoffwechsel an und wirkt gegen alle stoffwechselbedingten Hautstörungen. Außerdem hilft er bei Asthma, Rheuma und Epilepsie. Man sollte Bernstein oft und lange tragen. Er stärkt das psychische Wohlbefinden und weckt die Lebensfreude. Sie reinigen und entladen Bernstein unter fließendem warmem Wasser. Legen Sie ihn nicht in die Sonne!
- **Hämatit:** Er symbolisiert Mut. Hämatit regt die Blutbildung an und stillt Blutungen. Bei Augenleiden sollte man den Stein auf die Lider legen. Achtung: Er kann Entzündungen anregen! Im Psychischen macht Hämatit lebenslustig und spontan. Reinigen und entladen Sie einen Hämatit niemals unter Wasser. Stellen Sie ihn zwischen eine Gruppe von Bergkristallen; Sie laden damit auch seine Energien wieder auf.
- **Jade:** Sie symbolisiert Erneuerung. Jade ist blutstillend (was unter anderem bei Geburten hilfreich sein kann) und macht empfängnisbereit. Außerdem entgiftet sie und senkt das Fieber. Auf die Psyche wirkt Jade beruhigend und macht zufrieden. Sie reinigen und entladen den Stein unter fließendem Wasser. In einer Druse (Gesteinshohlraum) aus Amethyst laden Sie Jade wieder auf.
- **Jaspis:** Er symbolisiert die Willenskraft. Roter Jaspis regt die Sexualität an und wirkt gut gegen Stress. Gelber Jaspis hilft Frauen in den Wechseljahren und stärkt das Immunsystem. Der Psyche verleiht Jaspis Energie. Rote Steine schaffen Harmonie, gelbe machen verständnisvoll. Sie reinigen und entladen Jaspis nach jedem Gebrauch unter fließendem Wasser. Neue Energie bekommt Jaspis durch Trommelsteine aus Hämatit.

- **Karneol:** Er symbolisiert Aktivität. Karneol fördert die Verdauung. Auch die Blutbildung und Durchblutung des Körpers sprechen auf ihn an. Auf dem psychischen Sektor verleiht Karneol Lebensfreude, Vitalität und Mut. Sie reinigen und entladen Karneol monatlich unter fließendem warmem Wasser. Neue Energien bekommt der Stein, indem Sie ihn in die Sonne legen.
- **Lapislazuli:** Er symbolisiert Weisheit. Lapislazuli (auch: Lapis) harmonisiert die Funktion der Schilddrüse und stärkt den gesamten Halsbereich (Mandeln, Stimmbänder). Außerdem hat er eine blutdrucksenkende Wirkung und beeinflusst positiv das Immunsystem. In der Psyche wirkt Lapislazuli gegen Depressionen und fördert Intuition sowie klaren Verstand. Sie reinigen und entladen Lapislazuli durch Hämatit. Neue Energien bekommt er durch die Nähe zu Bergkristall. Legen Sie Lapislazuli nicht in die Sonne!
- **Mondstein:** Er symbolisiert Beruhigung und Reinigung. Mondstein schafft bei Frauen ein hormonelles Gleichgewicht, hilft gegen Menstruationsbeschwerden und begünstigt Empfängnis und Schwangerschaft. Außerdem hilft er gegen Beschwerden der Wechseljahre. Im psychischen Bereich unterstützt Mondstein die Weiblichkeit und Liebe und fördert Sensibilität. Er nimmt Ängste und schenkt Lebensfreude. Sie reinigen und entladen Mondstein durch Hämatit. Zum Aufladen legt man ihn bei Vollmond auf die Fensterbank.
- **Rosenquarz:** Er symbolisiert Vertrauen und Nächstenliebe. Rosenquarz wehrt schädliche Strahlen ab (zum Beispiel Computerstrahlen) und fördert Sexualität und Fruchtbarkeit. In der Psyche hilft Rosenquarz gegen Liebeskummer und steigert das Einfühlungsvermögen sowie die Empfindsamkeit. Sie reinigen und entladen Rosenquarz durch Hämatit. Neue Energie erhält er in einer Amethystdruse.
- **Schwarzer Onyx:** Er symbolisiert Kraft und Stärke. Onyx heilt eitrige Wunden, Pilzinfektionen, Entzündungen und Sonnenbrand. Außerdem hilft er gegen Gehör- und Sehschwächen

und hat positiven Einfluss auf Herz, Nieren und Milz. In der Psyche leitet Onyx negative Energien ab und fördert Selbstbewusstsein und Verantwortungsgefühl. Sie reinigen und entladen Onyx wöchentlich unter fließendem Wasser. Neue Energie bekommt er, wenn Sie ihn in Erde legen.

~ **Türkis:** Er symbolisiert die Schönheit. Türkis hilft bei Halsentzündungen, Magenschmerzen, Rheuma und Gicht. Er heilt Infektionen, lindert Schmerzen und wirkt krampflösend. In der Psyche wirkt Türkis gegen Depressionen; er stärkt das Selbstvertrauen, schenkt Energie und macht aktiv. Sie reinigen und entladen Türkis durch Hämatit. Neue Energie bekommt der Stein durch Bergkristall. Legen Sie Türkise nicht in die Sonne!

~ **Turmalin:** Er symbolisiert Reichtum. Turmalin steigert die Abwehrkräfte. Er hilft gegen Gleichgewichtsstörungen sowie Erkältungen und stärkt die Muskulatur. In der Psyche wehrt Turmalin negative Energien ab. Er hilft auch gegen Misstrauen, Neid und Eifersucht. Sie reinigen und entladen ihn unter fließendem Wasser. Zum Aufladen mit neuer Energie legen Sie den Turmalin für einige Stunden in die Sonne.

Das Gesundheitsritual

Beim heilenden Ritual gegen eine bestimmte Erkrankung bedenken Sie bitte immer: Mit Magie können Sie zwar eine Menge bewirken, sie ersetzt aber niemals den fachkundigen Rat eines Arztes oder Therapeuten. Sie sollten das Gesundheitsritual eher bei leichteren Beschwerden anwenden und vor allem zur Stabilisierung Ihrer Gesundheit. Wer sich beispielsweise bewusst ernährt, sein Immunsystem stärkt und sich regelmäßig körperlich betätigt, trägt schon eine ganze Menge dazu bei, mancher Zivilisationskrankheit aus dem Weg zu gehen.

Beim Ritual gehen Sie wie gewohnt vor:
~ Sie ziehen den magischen Kreis.
~ Sie erbitten die Hilfe der Himmelsrichtungen, der Elemente und der guten Geister, die Ihnen zur Seite stehen sollen.

~ Sie visualisieren sich selbst (oder die betreffende Person) als gesunden, kräftigen Menschen, der voller Lebensfreude ist. Sicher fallen Ihnen Situationen ein, in denen Sie sich rundherum wohl gefühlt haben (oder in denen Ihnen die betreffende Person besonders gesund und munter erschien).

~ Danach bedanken Sie sich bei den überirdischen Kräften und öffnen den magischen Kreis wieder.

Das wichtigste Zubehör für das Gesundheitsritual

Was alles zu einem Erfolg versprechenden Gesundheitsritual dazugehört, finden Sie in der folgenden Tabelle:

Farbe	~ Blau ~ Grün ~ Orange
Element	alle vier Elemente
Edelstein	~ Bergkristall ~ Heilsteine
Pflanzen	~ Blumen: alle, die dem Kranken Freude bereiten ~ alle Heilkräuter
Phase des Mondes	~ zunehmender Mond, um Gesundheit zu fördern ~ abnehmender Mond, um Krankheit zu lindern ~ an Widdertagen: Region Kopf ~ an Stiertagen: Region Hals und Kehle ~ an Zwillingstagen: Region Lunge, Nerven, Schultern, Arme und Hände ~ an Krebstagen: Brustkorb und Magen ~ an Löwetagen: Region Herz und Wirbelsäule ~ an Jungfrautagen: Eingeweide, Verdauungstrakt

Phase des Mondes	~ an Waagetagen: Nieren ~ an Skorpiontagen: Fortpflanzungs- und ausscheidungsorgane ~ an Schützetagen: Schenkel ~ an Steinbocktagen: Knie ~ an Wassermanntagen: Knöchel ~ an Fischetagen: Füße
Bester Tag	Sonntag
Beste Stunde	~ Sonntags 6–7 Uhr morgens ~ Sonntags 13–14 Uhr mittags ~ Sonntags 20–21 Uhr abends ~ Sonntags 3–4 Uhr nachts ~ alle Sonnenstunden
Düfte/Räucherwerk	~ Eukalyptus ~ Sandelholz ~ Lavendel ~ Weihrauch
Visualisierung	~ den Kranken in gesunden Tagen ~ die Sonne, die ihm Energie bringt
Gewürze	~ Knoblauch ~ Safran
Getränke	~ Kräutertee ~ Rotwein
Gegenstände	~ Wunschzettel/Affirmation ~ Kerzen ~ Foto/Haarsträhne des betreffenden Menschen

Was Tarotkarten, Kristallkugel und Pendel verraten

Auf! Bessert's noch, macht euch davon,
trefft mich am Pfuhl des Acheron;
Dahin wird er am Morgen geh'n,
von uns sein Schicksal zu erspäh'n.
SHAKESPEARE, MACBETH, 3. AKT, 5. SZENE

Das Wahrsagen ist auf jeden Fall eine Fähigkeit, die uns Hexen zugeschrieben wird. Im Prinzip wohnt diese Gabe jedoch in jedem Menschen. Sicher haben Sie selbst auch schon einmal eine „Vorahnung" gehabt, ein „gutes" oder „schlechtes" Gefühl in einer bestimmten Situation oder bei einer bestimmten Person. Man muss die Begabung zum Hellsehen also nur in sich finden bzw. wieder entdecken und dann auszubilden wissen.

Es wird immer Menschen geben, bei denen diese Gabe besonders stark entwickelt ist, die wirklich ein „zweites Gesicht" haben. Aber selbst wenn Sie das von sich selbst nicht glauben, können Sie viele Orakel und Methoden der Wahrsagung erlernen, und zwar, indem Sie mit Ihrem Unterbewusstsein in Kontakt treten. In dem ist nämlich ein enormes Wissen verborgen. Das müssen Sie sich vor Augen führen und es sich bewusst machen.

Hexen sind nicht immer auf Anhieb dazu fähig, anderen Menschen auf dem Weg der Wahrheit in die Zukunft weiterzuhelfen. Hier gilt wie überall die alte Weisheit: „Übung macht den Meister". Vielleicht liegen Ihre Begabungen auch einfach auf anderen Gebieten. Für sich selbst jedoch können Sie mit einem Blick aufs Unbewusste und mit der Lehre, die Sie daraus für Ihr Tun und

Handeln ziehen, eine ganze Menge erreichen. Der Blick in die Kristallkugel oder in die Karten sowie die Deutung durch das Pendel können Ihnen Hinweise darauf geben, wie Sie selbst sich in bestimmten Situationen verhalten sollen. Das muss nicht bedeuten, dass Sie dies auch für andere Personen übernehmen können. Es kann aber durchaus sein, dass Ihre Fähigkeit, anderen auf ihrem Weg zu helfen, sich erst im Laufe der Zeit entwickelt.

Eine Hexe beim Blick in die Kristallkugel oder beim Legen der Karten: Das sind Vorstellungen, die die meisten Menschen spontan vor Augen haben. Ich persönlich habe mich übrigens den Tarotkarten zugewandt. Sie sagen mir am meisten zu und helfen mir, bei Problemstellungen Antworten auf meine Fragen zu finden. Möglicherweise finden Sie für Ihre Person Antworten jedoch eher in der Kristallkugel oder durch das Pendel.

Der Blick in die Tarotkarten

Bei der Zukunftsdeutung spielen Karten – und hier vor allem die Tarotkarten – eine wichtige Rolle. Seit jeher werden ihnen geheimnisvolle Kräfte zugeschrieben. Das liegt wohl daran, dass man niemals herausgefunden hat, wann und wo die Karten eigentlich entstanden sind. Das Rätsel um die Herkunft des Tarots führt so weit, dass manche Okkultisten der festen Überzeugung sind, die ersten Vorläufer des Tarots stammten aus dem alten Babylon, aus Ägypten oder gar aus dem versunkenen Atlantis. Die Kirche war der Überzeugung, dass Karten das „Gebetbuch des Teufels" seien. Gegen Ende des 14. Jahrhunderts tauchten die Karten zum ersten Mal auf, und zwar in Frankreich. An den Fürstenhöfen von Mailand und Ferrara begeisterte man sich um 1440 für das neue Kartenspiel. Zunächst war Tarot nicht mehr als ein Spiel, zumindest wenn man den Historikern Glauben schenkt. Das Mysteriöse bei diesen Karten ist jedoch die in ihnen verborgene Weisheit, und die wiederum stammt vermutlich vom Geheimwissen der Zigeuner. Um 1770 hat dann der Franzose Etteilla die esoterischen Prinzipien der Karten erstmals niedergeschrieben.

Finden Sie „Ihre" Tarotkarten

Es gab und gibt zahlreiche Ausführungen des Tarots. Am bekanntesten sind die beiden folgenden:

~ das so genannte Rider-Waite-Deck: Es ist in sehr einfachen, aber dennoch eindringlichen Bildern gehalten und entstand um 1910. Das Besondere an diesen Karten ist eben, dass sie bildhaft illustriert wurden, und zwar in klaren Bildern, deren Symbolhaftigkeit leicht zu erkennen ist. Dieses Deck eignet sich besonders gut für die intuitive Arbeit mit dem Tarot. Ich benutze das Rider-Waite-Deck, denn es vermittelt mir trotz aller Schlichtheit tiefe Einsichten.

~ die Karten des umstrittenen Magiers Aleister Crowley (1875–1947): Sie wurden erstmals 1977 veröffentlicht, obwohl sie bereits 1943 fertig gestellt waren. Die Crowley-Karten haben einen eher mystisch-esoterischen Bildcharakter und vereinigen in sich Astrologie, Kabbala, Numerologie sowie eine Vielfalt von Symbolen unterschiedlichster Mysterienschulen. Mich lenken die Bilder dieses Decks zu sehr von meinem eigentlichen Anliegen ab.

Es gibt noch zahlreiche andere Darstellungen der Tarotkarten – hier einige Beispiele:

~ Das Marseiller Tarot zählt – wie die Karten von Waite und Crowley – zu den bekannteren Decks. Es wurde nach alten Holzschnitten gezeichnet und stammt wohl aus der Mitte des 17. Jahrhunderts. Die Bilder sind Szenen des mittelalterlichen Lebens entnommen und zeigen wohl die ursprünglichste okkulte Form des Tarots.

~ Das Visconti-Sforza-Tarot entstand wohl um 1445 und ist das älteste vollständig erhaltene Tarotdeck. Die Darstellungen sind jedoch für uns moderne Menschen nur schwer nachzuvollziehen.

~ Das Golden-Dawn-Tarot stammt aus einer der großen Bruderschaften, die sich mit Okkultismus und Magie beschäftigten. Die Bilder dieses Tarots sind kindlich-naiv und stehen in enger

Verbindung zur jüdischen Geheimlehre der Kabbala. Das Golden-Dawn-Tarot ist die Grundlage für viele andere Kartendecks.
~ Das Tarot der Weisen Frauen ist von einer Künstlerin entworfen worden, die sich sehr stark am Kult der ägyptischen Isis orientierte. Die Bilder sind sehr lebensfroh und positiv.
~ Das Osho-Neo-Tarot besteht nur aus 60 Karten. Jede der Karten nimmt Bezug auf eine bestimmte Geschichte, die in einem beiliegenden Büchlein erzählt wird. Die Darstellungen sind einfach und gut erfassbar. Bilder und Geschichten stimmen überein und treffen genau das Thema der Fragestellung.
~ Das Arcus-Arcanum-Tarot will vor allem die Brücke zwischen Bewusstem und Unbewusstem schlagen – daher auch sein Name, der so viel bedeutet wie „Bogen der Geheimnisse". Die Bilder wirken mittelalterlich und märchenhaft. Astrologische oder numerologische Zuordnungen fehlen, denn die Bilder allein sollen den Fragesteller ansprechen.
~ Das Jungianische Tarot führt den Fragesteller in die Jung'sche Psychologie ein. Die zeitlos wirkenden Bilder zeigen vor allem die einzelnen Archetypen und sind in kräftigen, leuchtenden Farben gehalten.

Wenn Sie mit Tarotkarten arbeiten wollen, müssen Sie diejenigen finden, die Sie am meisten ansprechen und zu denen Sie sich am ehesten hingezogen fühlen. Gehen Sie einfach in entsprechende Geschäfte und schauen Sie sich die einzelnen Kartendecks an. Sie werden recht schnell entdecken, welche Ihnen zusagen und mit welchen Sie wenig anfangen können.

Was das Tarot Ihnen sagt

Karten zeigen niemals einen ganz konkreten Weg in die Zukunft und geben auch keine fest umrissene Antwort auf Ihre Fragestellung. Sie dienen vielmehr als Ratgeber und helfen bei der Suche nach der richtigen Antwort, dem richtigen Weg. Wer sich mit Tarotkarten beschäftigt, weiß, dass darin eine tiefere Weisheit verborgen liegt. Sie zwingt uns dazu – wenn wir erfolgreich mit Karten arbeiten wollen –, unser Innerstes zu erforschen und möglichst objektiv an die Fragestellung heranzugehen. Es hat keinen Sinn, die Antworten, die in den Karten liegen, immer positiv zu deuten. Oft zeigt uns gerade das Tarot auch eine deutliche Warnung.

Bei den Tarotkarten wird zwischen den „großen" und den „kleinen" Arkana unterschieden. Das Wort „Arkana" kommt vom lateinischen „arcanum" (= Geheimnis). Die großen Arkana bestehen aus 22 Karten, die sozusagen die Trümpfe darstellen. Die kleinen Arkana umfassen 56 Karten. Sie entsprechen unseren heutigen Spielkarten.

Die großen Arkana

Nach alter Überlieferung sind diese 22 Karten wichtig, um aus ihnen die Zukunft zu lesen, denn man deutet sie auch als die Lebensphasen des Menschen. Dabei stellen die ersten elf Karten (0 – 10) die erste Lebenshälfte mit der Welt des Handelns nach außen dar, die Karten 11 – 21 dagegen die nach innen schauende Phase im Leben. Man kann die großen Arkana auch anders zählen: Dann steht der Narr – also die Karte Null – an Stelle 22. Diese Karte liegt nicht innerhalb des Kreises der so genannten Schlüsselarkanen: Diese umfassen nämlich die übrigen 21 Karten, in denen sich der Lauf der Welt darstellt. Der Narr steht außerhalb – und hat deshalb die Chance, sich offen wieder der Welt zuzuwenden.

Karte Null (oder 22) ist der Narr. Er deutet darauf hin, dass man wenig an Althergebrachtem festhalten und seinen Hoffnungen folgen sollte. Man muss über die Welt nachdenken, sonst bleibt man ein Narr. Wer furchtlos nach vorne geht, auch Risiken nicht scheut, der wird Erfolg haben.

Karte 1 ist der Magier. Er deutet darauf hin, dass man sein inneres Gleichgewicht gefunden hat und in der Mitte der Welt steht. Der Magier steht auch für unsere Fähigkeit, mit anderen zu kommunizieren und dabei flexibel zu sein – also durchaus die Ansichten anderer in die eigene Meinungsbildung mit einfließen zu lassen.

Karte 2 ist die Hexenkönigin; sie wird auch Hohepriesterin, Erdgöttin oder – in Anlehnung an die Karte 5 – Päpstin genannt. Sie stellt die Frau als Wissende um alle Mysterien der Zeugung und Geburt, um Heilung und Liebe dar. Die Hexenkönigin symbolisiert auch die weibliche Unabhängigkeit, die Chance zu innerer Harmonie und Einkehr.

Karte 3 steht für die Herrscherin (auch Kaiserin genannt). Sie bedeutet die weiblich-weltliche Macht (im Gegensatz zur mystischen Macht der Karte 2, der Hohepriesterin). Die Herrscherin symbolisiert die Mütterlichkeit und Freundlichkeit, aber auch die Fähigkeit zum Heilen und Lieben.

Karte 4 ist der Herrscher (auch Kaiser genannt). Er steht für die weltliche Macht, die mit hohen Idealen einhergeht. Der Herrscher ist auch das Symbol für Führung und energischen Tatendrang sowie für die Lust am Abenteuer – allerdings nicht ohne Verantwortungsbewusstsein.

Karte 5 steht für den Hierophanten. Er wird auch Papst, Eingeweihter oder Hohepriester genannt. Diese Karte bedeutet die Auflösung der Zwistigkeiten in der sichtbaren Welt, das Abwenden vom Zweifel hin zum Seelenfrieden. Der Hierophant symbolisiert auch den weisen Berater und Zuhörer, der in Auseinandersetzungen hilfreich zur Seite steht.

Karte 6 sind die Liebenden. Diese Karte wird auch „Entscheidung" genannt. Sie bedeutet die Notwendigkeit einer Entscheidung in Liebesdingen, auch das Schwanken zwischen zwei geistigen Welten. Die Liebenden symbolisieren stets die Partnerschaft, die vor einer Entscheidung steht – durchaus auch vor einer Trennung.

Karte 7 ist der Wagen. Man nennt diese Karte auch Triumph oder Sieger. Sie deutet an, dass es einem erst die Kunst der Entscheidung ermöglicht, zum Ziel zu gelangen. Der Wagen ist oft auch das Symbol für den Neuanfang, den Wechsel zu einer völlig anderen Position.

Karte 8 heißt Kraft oder Stärke. Sie weist darauf hin, dass die wahre Stärke im Geist liegt. Diese Karte symbolisiert unsere Fähigkeit, Probleme zu lösen und alles wieder in den rechten Ausgleich zu bringen. Bei manchen Tarotdecks sind übrigens die Bedeutungen der Karten 8 und 11 vertauscht, sodass dann Karte 8 für Gerechtigkeit und 11 für Kraft steht.

Karte 9 zeigt den Eremiten. Er wird auch Einsiedler oder Weiser genannt. Diese Karte bedeutet, dass uns erst Fragen und die Vertiefung in die eigene Persönlichkeit an unser spirituelles Ziel bringen. Der Eremit symbolisiert, dass wir uns mehr Zeit für uns selbst und unsere Bedürfnisse nehmen sollten.

Karte 10 ist das Schicksalsrad, das auch Glücksrad genannt wird. Diese Karte bedeutet den ewigen Kreislauf der Welt, das Zusammenspiel aller Elemente, aller himmlischen und weltlichen Kräfte. Das Schicksalsrad steht als Symbol für rasch eintretende unerwartete, aber positive Ereignisse.

Karte 11 ist die Gerechtigkeit oder das Gleichgewicht. Sie zeigt uns den Hinweis auf die Erkenntnis an, dass erst die Fähigkeit des Abwägens uns zu einer Entscheidung bringt. Diese Karte symbolisiert auch die Leidenschaft, die jedem von uns innewohnt und die es uns ermöglicht, auch weit gesteckte Ziele zu erreichen, wenn wir alte Ängste und schlechte Gewohnheiten ablegen.

Karte 12 ist der Gehängte, eine Karte, die bei Unwissenden oft Unbehagen hervorruft. Man nennt sie auch die „Prüfung". Diese Karte ist in der Grundstimmung durchaus positiv, denn sie besagt: Nur wer sich traut, die Dinge auf den Kopf zu stellen und somit anders zu betrachten, wird erkennen, wie die Welt ist.

Karte 13 ist der Tod. Sie bedeutet nicht – wie oft irrtümlicherweise angenommen wird – die Prophezeiung eines Todesfalles.

Die Karte symbolisiert vielmehr die Loslösung von Althergebrachtem, von alten Gewohnheiten – und damit den Aufbruch zu neuen Ufern.

Karte 14 ist die Mäßigkeit. Sie zeigt die Erkenntnis, dass für den Kreislauf der Welt nur das Maß aller Dinge entscheidend ist. Die Karte symbolisiert auch unsere kreativen Kräfte und die Möglichkeiten unserer Fantasie.

Karte 15 ist der Teufel. Auch diese Karte bedeutet an sich nichts Böses, sondern lediglich, dass man furchtlos sein muss, wenn man sich auf das Dunkel der Unwissenheit einlassen will. Nur wer seine Ängste überwindet, kann Erfahrungen positiv umsetzen. Der Teufel symbolisiert aber auch die Kraft der Sexualität und ganz allgemein schöpferische Energien.

Karte 16 ist der Turm. Diese Karte wird auch Zerstörung, Bauwerk, Turm von Babylon oder Tempel genannt. Sie bedeutet die Zerstörung des Alten, damit das Neue seinen Platz finden kann. Der Turm symbolisiert auch die Selbsterkenntnis, die wir brauchen, um Vertrautes hinter uns zu lassen und zu neuen Ufern aufzubrechen.

Karte 17 ist der Stern. Sie bedeutet die Allgewalt der Gestirne und damit des Universums über alles Werden und Leben auf der Erde. Der Stern symbolisiert auch unsere Fähigkeiten zur Inspiration, zu Visionen. Wer diese Verbindung zum Kosmos anerkennt, wird ein glückliches und erfülltes Leben finden.

Karte 18 ist der Mond. Diese Karte bedeutet die Intuition und weist damit auf eine Zeit hin, in der man keine rationalen Entschlüsse fasst, sondern eher nach dem Gefühl handelt. Der Mond symbolisiert zudem die Gefahr, sich auf falsche Fährten und Illusionen einzulassen. Intuitionen sind zwar nicht falsch – man muss jedoch wissen, inwieweit man ihnen vertrauen kann.

Karte 19 ist die Sonne. Diese Karte bedeutet das Glück des Menschen, das im Zusammenfinden mit einem anderen erst seinen Höhepunkt findet. Die Sonne steht auch als Symbol für berufliches Fortkommen im Team, außerdem für eine erfüllte Liebesbeziehung.

Karte 20 ist das Gericht, auch Auferstehung genannt. Sie bedeutet das Zusammenspiel von Männlichem und Weiblichem mit dem Glauben an ein höheres Wesen, das uns erst zum mystischen Ziel führt. Das Gericht symbolisiert die Fähigkeit zu offener Selbstkritik und daraus folgender Veränderung.

Karte 21 ist die Welt; manchmal nennt man sie auch „die Zeit". Diese Karte bedeutet die göttliche Urkraft hinter dem Weltenlauf und damit die Erfüllung aller Dinge. Die Welt kann für die Beendigung einer wirklich großen (Lebens-)Aufgabe stehen, aber auch „nur" für eine große Reise, die man antritt – und dies nicht nur im übertragenen, sondern im realen Wortsinn.

Die kleinen Arkana

Neben den 22 Trümpfen der „großen Arkana" kennt man im Tarot 56 andere Karten – die so genannten „kleinen" Karten. Aus ihnen entstanden vermutlich die uns heute bekannten Spielkarten. Die kleinen Arkana werden nach Farben (oder Serienzeichen) eingeteilt. Man unterscheidet: Kelche (entspricht den Herzkarten im modernen Kartenspiel), Schwerter (Pik), Münzen (Karo) und Stäbe (Kreuz). Die kleinen Arkana sind für die Deutung der Zukunft nicht so entscheidend wie die Trümpfe. Allerdings runden sie das Bild ab, das beim Kartenschlagen (so nennt man das Auslegen der Karten, um eine bestimmte Fragestellung zu beantworten) durch die großen Arkana entsteht.

Jede der Farben steht für einen bestimmten Stand und für bestimmte Tätigkeiten:

~ Die Stäbe entsprechen den Bauern und symbolisieren Taten und Triebe. Ihr Element ist das Feuer.
~ Die Kelche entsprechen dem Klerus und symbolisieren Gefühle und Bedürfnisse. Ihr Element ist das Wasser.
~ Die Schwerter entsprechen dem Adel und symbolisieren die Waffen des Geistes. Ihr Element ist die Luft.
~ Die Münzen entsprechen den Kaufleuten und symbolisieren Werte und Talente. Ihr Element ist die Erde.

Kurz gefasst haben die einzelnen Karten der kleinen Arkana folgende Bedeutungen:

Stäbe = Taten und Triebe, Element Feuer

König der Stäbe: rechtschaffener, strebsamer Mann
Königin der Stäbe: tugendhafte, sanftmütige Frau
Ritter der Stäbe: Abreise, Flucht
Bube der Stäbe: Fremder
10 der Stäbe: Täuschung
9 der Stäbe: Aufschub
8 der Stäbe: Fröhlichkeit
7 der Stäbe: Verhandlung
6 der Stäbe: Diener, Botschafter
5 der Stäbe: Reichtum, Überfluss
4 der Stäbe: Gesellschaft
3 der Stäbe: Unternehmung
2 der Stäbe: Kummer
Ass der Stäbe: Geburt, Anfang

Kelche = Gefühle und Bedürfnisse, Element Wasser

König der Kelche: ehrlicher, fähiger Mann
Königin der Kelche: ehrliche, weise Frau
Ritter der Kelche: Ankunft, Eintritt
Bube der Kelche: Studium
10 der Kelche: Zuhause
9 der Kelche: Sieg
8 der Kelche: aufrichtiges Mädchen
7 der Kelche: Idee
6 der Kelche: Vergangenheit
5 der Kelche: Erbschaft, Geschenk
4 der Kelche: Langeweile
3 der Kelche: Erfolg
2 der Kelche: Liebe
Ass der Kelche: Festlichkeit

Schwerter = Waffen des Geistes und der Logik, Element Luft
König der Schwerter: Mann des Gesetzes oder der Politik
Königin der Schwerter: einsame Frau
Ritter der Schwerter: Militär, Kampf
Bube der Schwerter: Spion, Beobachtung
10 der Schwerter: Tränen
9 der Schwerter: Enthaltsamkeit
8 der Schwerter: scharfe Beurteilung
7 der Schwerter: Wunsch, Fantasie
6 der Schwerter: Weg
5 der Schwerter: Verlust, Niedergang
4 der Schwerter: Einsamkeit, Zurückgezogenheit
3 der Schwerter: Entfremdung
2 der Schwerter: Freundschaft, Anziehung
Ass der Schwerter: Übertreibung, Extreme

Münzen = Werte und Talente, Element Erde
König der Münzen: Geschäftsmann
Königin der Münzen: mondäne Frau
Ritter der Münzen: Nutzen, Profit
Bube der Münzen: Fleiß, Kenntnisse
10 der Münzen: Haus, Haushalt
9 der Münzen: Verwirklichung
8 der Münzen: angenehme, junge Frau
7 der Münzen: Geld
6 der Münzen: Gegenwart
5 der Münzen: Liebhaber(in)
4 der Münzen: Geschenk, Großzügigkeit
3 der Münzen: Ruhm, Größe
2 der Münzen: Verlegenheit
Ass der Münzen: vollkommene Zufriedenheit

Das Auslegen: Keltisches Kreuz

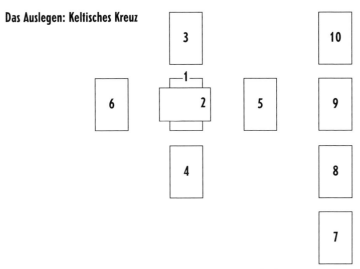

Das Keltische Kreuz ist eine von vielen möglichen Auslegearten, in der die jeweilige Lebenssituation gedeutet wird. Die einzelnen Karten bedeuten:

Karte 1: „Was dich umgibt" – die momentane Situation; auch: die Haltung des Fragenden in der Angelegenheit.

Karte 2: „Was dich kreuzt" – äußere Einflüsse, auch Hindernisse. Karte 2 und Karte 1 behindern oder ergänzen sich.

Karte 3: „Was dich krönt" – das Ziel des Fragestellers, auch: neue Ideen, die in die Zukunft weisen.

Karte 4: „Das liegt unter dir" – die Anlagen und Fähigkeiten des Fragestellers, die Möglichkeiten, die ihm oder ihr offen stehen; auch: Vergangenes, das man missachtet hat, das aber in die Gegenwart hineinreicht.

Karte 5: „Das liegt hinter dir" – die Umstände in der Vergangenheit, die zur derzeitigen Situation geführt haben; auch: Gefühle, Handlungen oder Ereignisse, die einen von der Fragestellung ablenken.

Karte 6: „Das liegt vor dir" – der Einfluss, den die derzeitige Situation auf den Fragesteller ausübt; auch: die nahe Zukunft, die unmittelbar und konkret vor einem liegt.

Karte 7: „Das bist du selbst" – die persönliche Einstellung des Fragenden; auch: die äußeren Einflüsse und Umstände, die die Situation beeinflussen – also fördern oder behindern.

Karte 8: „Dein Haus" – Heim, Menschen und Beziehungen, die Einfluss ausüben; auch: Hinweise auf den Umgang mit der Umwelt und den Mitmenschen.

Karte 9: „Dein Bangen und Hoffen" – die Hoffnungen und Ängste des Fragestellers.

Karte 10: „Was kommen wird" – die weitere Entwicklung, der mögliche Ausgang; auch: die Schlüsselkarte der Zukunft, deren Rat man befolgen sollte.

Natürlich gibt es neben dem Keltischen Kreuz noch zahlreiche andere Auslagemöglichkeiten für Tarot. Wer Genaueres wissen möchte, sollte in den entsprechenden Arbeitsbüchern nachschlagen. Literatur zu diesem Thema finden Sie im Anhang.

Der Blick in die Kristallkugel

Ebenso wie die Tarotkarten ist auch die Kristallkugel ein ausgezeichnetes Hilfsmittel, um in die Zukunft zu blicken. Allerdings haben Sie hier keine bildhaften Hilfsmittel wie bei den Karten. Hier müssen Sie sich in sich selbst versenken und sollten auch schon ein wenig mit der Praxis der Meditation vertraut sein.

Die Kristallkugel dient dazu, Ihre Konzentration zu stärken und sie in einem Punkt zu vereinigen. Durch das Betrachten der Kugel verdichten sich Ihre inneren Erfahrungen zu einem Bild. Sie erschließen sich dadurch neue Bereiche und andere Ebenen des Geschehens. Hinzu kommt, dass die Arbeit mit der Kristallkugel das Bewusstsein erweitern und vertiefen kann. Die Bilder und Erlebnisse, die sich Ihnen in der Kristallkugel offenbaren, können sich vor langer Zeit abgespielt haben; sie können aber auch in der Gegenwart oder in der Zukunft geschehen.

Kristallkugeln bekommen Sie in Esoterikläden und manchmal auch in Geschäften, die Edelsteine anbieten. Bei der Auswahl der Kristallkugel gilt: Lassen Sie sich Zeit beim Kauf. Fassen Sie ruhig mehrere Kugeln an. Erst wenn Sie sich regelrecht „angesprochen" fühlen, ist es die richtige für Sie und Ihre Arbeit als Hexe. Es gibt übrigens auch zahlreiche „Hexenläden", in denen man Kristallkugeln kaufen kann – unter anderem auch im Internet, beispielsweise unter der Adresse http://www.hexenladen.de.

Wie Sie mit der Kristallkugel arbeiten

Die Kristallkugel sollte so stehen, dass eine Lichtquelle, zum Beispiel die Flamme einer Kerze, von hinten auf die Kugel fällt. Allerdings sollte nur die Kugel beleuchtet werden und der übrige Raum besser abgedunkelt sein. Der Platz, an dem Sie das Kristallsehen ausüben, sollte ruhig und angenehm temperiert sein.

Sie können sich ohne Vorbereitung vor die Kugel setzen, ohne besonderen Wunsch. Sie können aber auch Fragen stellen. Je intensiver Sie sich mit einer Frage befasst haben und je präziser Sie diese stellen, je inniger Ihr Wunsch ist, sie beantwortet zu bekommen, desto größer wird Ihr Erfolg sein. Vor allem aber müssen Sie mit sich und mit der Kristallkugel große Geduld haben: Beim Sehen geht nichts auf die Schnelle. Ruhe und Entspannung sind das Wichtigste, nur dann kommen Sie auch zu Ergebnissen!

~ Setzen Sie sich in bequemer Kleidung an den Tisch, auf dem die Kristallkugel steht.
~ Atmen Sie einige Male tief ein und aus.
~ Probieren Sie nun die richtige Entfernung zur Kugel aus und fixieren Sie die Kugel dann mit den Augen.
~ Dabei blicken Sie durch die Kugel hindurch in eine weite Ferne, damit sich das Auge auf „unendlich" einstellen kann. Das ist so, als würden Sie im Freien den Horizont betrachten.
~ Ihr Atem geht ganz ruhig und regelmäßig und fließt leicht und kraftvoll durch Sie hindurch. Alle störenden Gedanken lösen sich auf und treten in den Hintergrund.
~ Ihr Geist beruhigt sich nach und nach. Tiefe Ruhe erfüllt Sie. Kurzzeitig können Sie etwas müde werden – doch dies weicht sehr bald wohliger Erwartung.

~ Sie öffnen sich ganz Ihrer Intuition und beobachten interessiert alle Gedanken, die in Ihnen aufsteigen oder die in Ihnen bei der Einstellung auf die Kristallkugel aufgestiegen sind. Halten Sie diese Gedanken aber nicht fest, sondern lassen Sie sie kommen und gehen.

~ Zuerst reflektiert sich die Umgebung in der Kristallkugel, doch kurz darauf sehen Sie neblige Streifen oder Wolkengebilde. Sie gehen dem „eigentlichen" Sehen voraus. Doch bereits aus den Wolken oder Farben können Sie die Zukunft deuten (siehe Tabelle unten).

~ Wenn Sie etwas Übung haben, lösen sich die Wolken rasch auf und es erscheinen Bilder in der Kristallkugel. Anfangs tauchen diese Bilder nur vereinzelt und unzusammenhängend auf. Durch regelmäßiges Üben sieht man diese Bilder deutlicher und klarer im richtigen Zusammenhang, und es erscheint einem, als würde man das Gesehene selbst durchleben.

~ Wenn man genug gesehen hat, lässt man den Nebel sich wieder verdichten und schließlich ganz auflösen.

Es kann durchaus sein, dass Sie zur Kristallkugel und dem intensiven Arbeiten mit ihr keinen rechten Zugang finden. Dann geben Ihnen vielleicht schon die verschiedenen „Wolken" und Farben einen Hinweis auf die Antwort zu Ihrer Fragestellung. Ich habe nachstehend einmal zusammengefasst, was die unklaren Gebilde in der Kristallkugel bedeuten können:

Was man in der Kugel sieht	**Was es bedeutet**
Aufsteigende Wolken	positive Antwort auf die Frage
Sinkende Wolken	negative Antwort
Farben: Schwarz	ungünstig, Unheil
Farben: Weiß	günstig, Erfolg, gute Aussichten
Farben: Gelb	Verlust, böse Überraschung, Arglist
Farben: Orange	Enttäuschung, Betrug, Verleumdung
Farben: Rot	Krankheit, Gefahr, Ärger
Farben: Violett, Blau, Grün	hervorragend, positive Überraschung

Der Blick auf das Pendel

Pendel gehören schon seit langer Zeit zu den Instrumenten, mit denen Menschen die Zukunft befragen oder Verborgenes aufspüren wollen. Befragt man ein Pendel richtig, dann gibt es Entscheidungen wieder, die im Unterbewusstsein schon längst getroffen worden sind, aber bisher noch nicht ins Bewusstsein gelangten. Denn das Pendel nimmt Schwingungen aus unserem Unterbewusstsein auf und setzt sie in sichtbare Bewegungen um.

Jeder kann die Kraft des Pendels für sich nutzen: Das hat weder etwas mit Spiritismus noch mit Geisterbeschwörung zu tun. Das Pendeln ist wesentlich einfacher als der Blick in die Kristallkugel. Und Sie müssen beim Pendeln kein Buch zur Hand haben wie beim Tarot, um die tieferen Weisheiten zu erfahren. Mit einem Pendel, das man gezielt einsetzt und auf das man sich intensiv konzentriert, lassen sich viele Lebensfragen beantworten. Ich selbst benutze das Pendel auch, und zwar um meine Konzentration beim Mondritual zu vertiefen. Durch das Pendel kann man aber auch verborgene Talente entdecken sowie charakteristische Stärken oder Schwächen aufzeigen.

Die Wahl des richtigen Pendels

Viele Hexen bevorzugen Pendel aus natürlichen Materialien, etwa aus Holz, aus Kristall oder aus einem reinen Metall. Bei der Auswahl „Ihres" Pendels lassen Sie bitte wieder Ihre Intuition sprechen: Nehmen Sie verschiedene Pendel aus unterschiedlichen Materialien in die Hand und achten Sie darauf, ob Ihnen die Form zusagt. Wichtig ist in jedem Fall: Das Pendel sollte schwer genug sein, damit es an einem Faden oder einer dünnen Kette gut nach unten hängt und in seiner Bewegung nicht zu schnell instabil wird. Es sollte aber andererseits auch so leicht sein, dass Sie es durch Ihre Geisteskraft bewegen können. Erfahrungsgemäß sollte ein Pendel am besten zwischen 10 und 40 Gramm wiegen.

Ein Pendel können Sie auch selbst herstellen, falls Sie keines kaufen möchten. Es gibt verschiedene Möglichkeiten: Vielleicht ziehen Sie einfach einen Faden durch einen Ring. Sie können auch eine Ihnen lieb gewordene dünne Halskette mit einem Silbergewicht, einem Anhänger oder Edelstein benutzen. Selbst ein Schlüssel kann als Pendel dienen. Viele Hexen sind der Überzeugung, dass ein Pendel an einem Haar hängen sollte. Halten Sie sich am besten daran, was Sie selbst intuitiv als positiv und für sich geeignet empfinden.

Sie sollten aber darauf achten, dass Faden, Haar oder Kette – also die flexible Verbindung zwischen Ihrer Hand und dem Pendel – nicht länger als etwa 20 bis 30 Zentimeter ist. Wenn Sie mit Pendeltafeln arbeiten, bei denen das Pendel Buchstaben oder Zahlen genau anzeigen soll, ist ein Pendel, das unten spitz ist, am besten geeignet.

Wie man mit dem Pendel arbeitet

Pendeln sollten Sie stets ohne Schmuck am Körper, vor allem ohne Uhr. Metalle und das mechanische oder batteriebetriebene Uhrwerk können nämlich Ihre Energieströme in die falsche Richtung lenken.

Zunächst muss ein Pendel auf Sie „eingestellt" werden. Das heißt, Sie müssen erkennen, inwieweit Ihre geistigen Kräfte auf das Pendel wirken. Dazu nehmen Sie es in die Hand und lassen es frei schwingen, und zwar am besten über einem Gegenstand, den Sie sehr mögen und der Ihnen viel bedeutet. Dabei kann es sich auch um ein Foto handeln. Stützen Sie am besten den Ellbogen auf und nehmen Sie den Faden zwischen Daumen und Zeigefinger. Halten Sie das Pendel etwa drei Zentimeter über den Gegenstand.

Konzentrieren Sie sich, seien Sie dabei jedoch entspannt und nicht verkrampft. Achten Sie genau auf die Schwingbewegung: Was will das Pendel Ihnen „sagen"? Denken Sie an bestimmte Worte, beispielsweise „Ja", „Nein", „Positiv", „Negativ", „Viel-

leicht", und schauen Sie, wie sich Ihre Kräfte auf das Pendel übertragen.
~ Schwingt es im Kreis?
~ Schwingt es im oder gegen den Uhrzeigersinn?
~ Schwingt es von links nach rechts?
~ Schwingt es von rechts nach links?
~ Steht es still?
~ Schwankt es nur indifferent?
~ Schwingt es waagerecht zu Ihrem Körper?
~ Schwingt es senkrecht zu Ihrem Körper?

Notieren Sie sich, wie Ihr Pendel bei welcher Aussage schwingt:

Aussage	Pendelbewegung
Ja	
Nein	
Keine Aussage	
Vielleicht	
Sympathie	
Antipathie	
Positiv	
Negativ	
Neutral	

Nun sind Sie bereit, „richtig" zu pendeln. Viele Hexen befragen ihr Pendel übrigens vorher, ob sie überhaupt pendeln sollen. Ob also der Themenkreis, der zur Fragestellung führt, zu diesem Zeitpunkt überhaupt angesprochen werden sollte. Sie sollten sich und das Pendel auch fragen, ob Sie momentan überhaupt ausreichend Energie zum Pendeln in sich haben. Es kann durchaus vorkommen, dass es an einem bestimmten Tag oder zu einem bestimmten Zeitpunkt ungünstig ist, das Pendel zu befragen. Stellen Sie dann Ihre Frage mehrmals, um sicherzugehen, dass Sie Ihr Pendel richtig verstehen und dass nicht nur der Wunsch der Vater Ihrer Gedanken ist.

Die Bewegungen des Pendels

Es gibt Zuordnungen, die häufig gelten:
- Bewegt sich ein Pendel im Uhrzeigersinn als weit ausschwingender Kreis, gilt dies meist als positives und bejahendes Zeichen.
- Schlägt das Pendel kreisförmig entgegen dem Uhrzeigersinn aus, sollten Sie eher vorsichtig sein. Überdenken Sie Pläne und Vorhaben besser noch einmal neu.
- Schwingt Ihr Pendel in gerader Linie von rechts nach links, bedeutet es ein Nein – wie das Kopfschütteln. Es ist ein deutliches und klares Zeichen auf die gestellte Frage.
- Schwingt Ihr Pendel in gerader Linie von links nach rechts oder vom Körper weg und wieder hin, sollten Sie zu einem anderen Zeitpunkt nochmals pendeln, um eine klare Aussage zu bekommen.
- Bei einer Ellipse will das Pendel Ihnen sagen, dass der Zeitpunkt für die Fragestellung noch nicht gekommen ist.

Wie Sie Ihr Pendel pflegen

Sie sollten Ihr Pendel „sauber" halten, das heißt, Sie sollten es nicht an eine andere Person verleihen. Wenn andere Personen es doch einmal in die Hand genommen haben, reinigen Sie es und „stellen" Sie es neu auf sich ein. Bewahren Sie Ihr Pendel immer an einem ruhigen Ort auf. Beispielsweise unter einer Pyramide ist es gut aufgehoben. Oder tragen Sie es direkt am Körper – dann wird es stets mit Ihren Energien geladen sein. Dennoch sollten Sie das Pendel hin und wieder energetisch reinigen. Das kann unter fließendem kaltem Wasser geschehen.

Die Arbeit mit Pendeltafeln

Wer nicht einfach nur eine bestimmte Frage vom Pendel beantworten lassen möchte, kann sich die Arbeit mit Pendeltafeln erleichtern. Es gibt solche Tafeln zu kaufen, man kann sie aber natürlich auch leicht selbst herstellen. Am besten arbeiten Sie mit einem Blatt in der Größe DIN A4 (also so groß wie ein normaler Briefbogen). In die Mitte der Pendeltafel, also des Blattes, zeichnen Sie einen Kreis von etwa einem Zentimeter Durchmesser, er ist das Zentrum der Tafel. Diese Stelle sollten Sie nachher beim Pendeln mit Ihrem Blick fixieren, um genau feststellen zu können, wohin das Pendel schwingt.

Auf das Blatt schreiben Sie nun die möglichen Alternativen für Ihre Fragestellungen. Bei einem Blatt von der Größe eines Briefbogens sollten es nicht mehr als etwa 41 Alternativen – inklusive einer Möglichkeit für „Fehler" – sein. Es muss sich immer um eine ungerade Anzahl von Alternativen handeln. Nur dann können Sie eindeutig ablesen, wohin das Pendel schwingt.

Nun ziehen Sie einen großen Kreis um das Zentrum und unterteilen diesen durch die (ungerade) Anzahl der Alternativen mittels Linien, die vom Zentrum ausgehen. Das erfordert ein wenig Rechenarbeit: Der vollständige Kreis hat 360 Grad; dividiert durch die Anzahl der Alternativen ergibt das den Abstand von einer Linie zur anderen in Winkelgraden. Mit einem Geodreieck (oder einem anderen Winkelmesser) trägt man die Linien ein und beschriftet sie mit den alternativen Antworten.

Man kann Pendeltafeln zu allen möglichen Fragestellungen zeichnen (und natürlich auch kaufen): zur medizinischen Behandlung, etwa durch Bach-Blüten, zu homöopathischen Mitteln und zu den entsprechenden Potenzierungen. Medizinische Pendler erfahren durch die entsprechenden Tafeln, welche Krankheiten jemand hat, welche Organe in Mitleidenschaft gezogen sind oder welche Ursache eine Erkrankung hat. Man kann auspendeln, welche Edelsteine für einen selber die meiste Energie bergen und welche man eher meiden sollte. Aber auch zu ganz allgemeinen Themen des Alltags geben spezielle Pendeltafeln Auskunft, etwa darüber, welches Orakel Sie befragen sollten, wie es um Beziehungen im Familien- und Freundeskreis steht oder wie es um berufliche und finanzielle Erfolge bestellt ist.

Tanzen die Hexen des Nachts im Kreise ...:
Hexenfeste und Kräuterzauber

So recht! So lob' ich euer Walten;
jede soll auch Lohn erhalten ...
... Elfen gleich den Reigen schlingt
und den Zaubersegen singt.
SHAKESPEARE, MACBETH, 4. AKT, 1. SZENE

Wir Hexen halten uns nicht an die üblichen christlichen Feiertage – wir feiern unsere eigenen Feste. Die stehen in einem engen Zusammenhang mit sehr alten, heidnischen Riten und mit einem Grundgedanken: dem Leben im Einklang mit der kosmischen Ordnung und den Kreisläufen der Natur.

Hexenfeste und ihr heidnischer Ursprung

Der wichtigste Kreislauf sind die wiederkehrenden Jahreszeiten. Sie wurden schon in der Frühgeschichte beobachtet und gefeiert. Bereits am Ende der Jungsteinzeit (um 2000 vor unserer Zeitrechnung) errichtete man riesige Bauten (z. B. Stonehenge in England), und zwar nach exakten astronomischen Berechnungen; diese Bauten sind Hinweise auf einen Jahreslauf, der nach dem Sonnenstand eingeteilt wurde, also nach Sonnenwenden und Tagundnachtgleichen. Der jeweilige Anfang und die Mitte der vier Jahreszeiten gliederten das Jahr in acht Teile, die so genannten „Speichen am Rad des Jahres".

Wesentlich älter als der Sonnenkalender ist die Einteilung des Jahres nach dem Mond. Große Kulturen leben heute noch nach dem Mondkalender, zum Beispiel in der arabischen Welt des Islam, im Judentum und in Asien. Das Bewusstsein für eine kalendarische Zeiteinteilung entwickelte sich wohl zuerst bei den Frauen: Sie führten sozusagen „Tagebuch", um ihre Regel zu kontrollieren. In China kannten die Frauen schon vor mehr als 3000 Jahren einen Mondkalender, ebenso wie die Maya in Mittelamerika. Da liegt es nahe, dass der Mond und sein Weg über den Himmel die Grundlage jeglicher Kalender waren.

Das Sonnenjahr stimmt allerdings nicht mit den Zyklen des Mondes überein: Nur alle 19 Jahre fallen die Mondphasen auf das exakt gleiche Datum. Unsere Vorfahren entwickelten daher komplizierte Zeitrechnungssysteme, die das Sonnen- und Mondjahr harmonisierten – durch Schalttage oder ganze Schaltmonate.

Im Einklang mit Sonne und Mond

Um Sonnen- und Mondkalender in Übereinstimmung zu bringen, gab es verschiedene Modelle. Im keltisch-englischen Raum war ein Kalender mit 13 Monaten plus dem Tag der Wintersonnenwende als „Tag zwischen den Jahren" verbreitet. Bei den Germanen wurde ein Kalender mit zwölf Monaten benutzt, dem man die Zeit „zwischen den Jahren" zuschlug, die als die zwölf Raunächte bekannt ist. Nach germanischer Tradition zählt man die Zeit nicht nach Tagen, sondern nach Nächten, denn der Tag beginnt mit der Nacht, also bei Sonnenuntergang. Dasselbe kennt man auch im jüdischen Glauben: Der heilige Tag, der Sabbat, beginnt bei Sonnenuntergang am Freitag und dauert bis zum Sonnenuntergang am Samstag. Nach dieser Rechnung fängt ein Monat immer bei Neumond an und das Jahr beginnt mit den dunklen Monaten: bei den Kelten zu Samhain (1. November), bei den Germanen nach den Raunächten.

Die Sonnenfeste

Sowohl im älteren als auch im heutigen Heidentum – also der Hexenkultur – gibt es unterschiedliche Festtraditionen. Allen Traditionen gemeinsam ist jedoch die Feier der vier Sonnenfeste zu den Sonnenwenden und Tagundnachtgleichen (Äquinoktien):

~ 21. März – *Ostara, Summer Finding, Alban Eilir*: Das erste Sonnenfest nach den Raunächten ist das Frühlingsäquinoktium, das Ostara geweiht ist, der Göttin des jungen Lichts und Lebens. „Ostern" ist ein heidnisches Wort, das die Kirche vereinnahmt hat, als sie ihr Passah-Fest auf den Frühlingsvollmond verlegte, um das gleichzeitig stattfindende heidnische Fest in Vergessenheit geraten zu lassen. Der keltische Festname lautet „Alban Eilir", im Englischen heißt es oft „Summer Finding". Nach der traditionellen Zählung ist es nicht der Beginn, sondern die Mitte des Frühlings. Zu Ostern feiern wir Hexen die Wiedergeburt der Natur aus dem Todesschlaf des Winters, das Erwachen der neuen Kraft, die uns die Natur und die Götter jetzt schenken. Zum Osterfest geschöpftes Wasser (Osterwasser) hat reinigende, heilende und weihende Wirkung. Die Gottheiten, die außer Ostara dieses Fest bestimmen, sind Freyr und Freyja, die Frucht spendenden Vanen, sowie Thor, der Sohn der Erde. Wir feiern Ostara in der Morgendämmerung.

~ 21. Juni – *Mittsommer, Litha, Grian-Stad, Alban Hefin*: Die Sommersonnenwende, die astronomisch den Sommerbeginn markiert, ist traditionell die Mitte des Sommers: der längste Tag, an dem die Sonne den Höhepunkt ihrer Entfaltung erreicht und von dem an sie schwindet. Dieser Tag ist mythisch mit dem Schicksal Baldurs, des Sohns der Sonne, verbunden, der wie die Sonne in der höchsten Blüte seines Lebens stirbt. Seine Wiedergeburt kommt mit der beginnenden Wiederkehr der Sonne im Winter. Mittsommer ist deshalb kein trauriges, sondern ein freudiges Fest. Wir Hexen feiern den Höchststand der Sonne mit einem großen Feuer, in dem Bewusstsein, dass im Kreislauf des Seins unweigerlich der Abstieg folgen muss. Früher rollte man brennende Sonnenräder über die Hänge ins Tal. Das Schwingen von Fackeln im Kreis symbolisiert die ewige Drehung des Jahresrades. In der keltischen Tradition ist Mittsommer, Alban Hefin, den Muttergottheiten geweiht, in der germanischen dementsprechend auch Baldurs Mutter Frigg. Dabei gilt wie bei allen Festen, dass wir Hexen immer die Götter als Ganzheit verehren, also stets alle Götter angerufen werden. Auch wenn es bei jedem Fest Gottheiten gibt, mit denen es besonders verbunden ist.

~ *21. September — Mabon, Haustblót, Winter Finding, Alban Elfed*: Das deutsche Wort „Herbst" und das nordische „haust" (gesprochen: höist) bedeuten wie das englische „harvest" eigentlich „Ernte". Mabon ist also in erster Linie ein Erntefest bzw. ein Dankopfer für reiche Ernte und Frieden. Als Schutzgott der Bauern wird Thor dabei besonders verehrt. Mit dem Herbstfest, nach dem Hauptteil der Ernte, beginnt die dunkle und stille Zeit des Jahres, in der die Nächte länger als die Tage sind. In dieser Zeit der Sammlung und Verinnerlichung können wir Hexen den Keim für all jene Dinge legen, die im Frühling wachsen sollen (auch und vor allem im übertragenen Sinn). In der keltischen Tradition ist Alban Elfed dem göttlichen Kind Mabon („Sohn") geweiht, der wie der griechische Dionysos in die Unterwelt hinabsteigt und wieder geboren wird. Auch die griechischen Mysterien des Dionysos wurden im Herbst begangen. Wir feiern Mabon bei Sonnenuntergang.

~ *21. Dezember — Mittwinter, Jul, Alban Arthuan*: Der altgermanische Festname Jul (engl. yule, isl. jól) ist ein Mehrzahlwort, denn er bezeichnet sowohl das eigentliche Mittwinterfest als auch die Tage, die mit ihm verbunden sind, das heißt die Zeit bis zum Jahresbeginn. Die Kirche hat auch diesen Festtermin „übernommen", indem sie die Geburt Jesu willkürlich auf die Zeit der heidnischen Mittwinterfeste verlegte. Sogar die Bezeichnung „Weihnachten" ist heidnischen Ursprungs: Sie bezeichnet die weihevolle Nacht, in welcher der germanische Gott Baldur wiedergeboren wird. Die Sonne hat den südlichen

Wendekreis erreicht und kehrt nach dem Norden zurück. Der Zweig, der Baldur den Tod brachte, die Mistel, wird zum Heilsymbol. Licht und Wärme, die nun kommen werden, feiern wir Hexen durch ein Feuer oder durch viel Kerzenlicht. Der Lichterbaum ist der immergrüne Weltbaum, der nun erstrahlt. Der in Skandinavien übliche Julbock (zum Beispiel aus Stroh) ist ein Symbol der kommenden Fruchtbarkeit und des Schutzes durch Thor, dessen heiliges Tier er ist. Jul gehört zu den wichtigsten heidnischen Festen, denn es ist das Familienfest, bei dem man auch der Ahnen gedenkt, die in der Überlieferung als Wilde Jagd mit Odin durch die Raunächte reiten. Als Wende des Jahres ist es sogar das wichtigste Fest, an dem alles endet und neu beginnt. Daher werden bei der Julfeier alle Feuer und Lichter gelöscht und neu entzündet. Haus und Hof werden mit Räucherwerk gereinigt.

Die Mondfeste

Zwischen den Sonnenfesten liegen die vier keltischen Feuerfeste, die nach alter Zählung am Anfang der Jahreszeiten stehen. Die Feuerfeste heißen auch lunare Feste, weil sie am Mondlauf orientiert sind. Sie finden stets zu Vollmond statt, sodass die Kalenderdaten nur Richtdaten sind. Ursprünglich feierten nur die Kelten solche Feuerfeste, zum Teil wurden sie aber auch von den Germanen übernommen und gehören zur einheimischen heidnischen Tradition, also auch zu unseren Hexenüberlieferungen.

~ 1. November – *Samhain, Halloween*: Nach dem keltischen und dem Hexenkalender beginnt das Jahr mit Samhain, dem Beginn des Winters. Es ist vor allem ein Toten- und Ahnenfest, das von der Kirche als Allerheiligen bzw. Allerseelen vereinnahmt wurde. Zu Samhain steht die „Anderswelt" offen: Gegenwart und Vergangenheit verbinden sich, die Geister der Ahnen werden wach. Durch das rituelle Gedenken leben sie in unserem Geist weiter. Wir Hexen werden uns bewusst, dass der Tod ein Teil des Lebens und das Totenreich ein Teil der Welt ist.

- 1./2. Februar – *Imbolc, Candlemas, Lichtmess, Tag der Brigid*: Das von der Kirche als Lichtmess vereinnahmte Fest Imbolc ist der Beginn des Frühlings. „Imbolc" bedeutet „im Schoß": Das neue Leben ruht noch im Schoß der Erde, beginnt sich aber schon zu zeigen. Das erste Frühlingslicht begrüßen wir Hexen mit Fackeln und Kerzen. Imbolc ist Brigid geweiht, der Göttin des neuen Lichts, der Quellen und der Dichtung. Die irische „Heilige" Brigitta von Kildare, die am 1. Februar gefeiert wird, ist nicht historisch belegt und lediglich ein Pseudonym für die Göttin. Wir feiern Imbolc in den Stunden vor und bis zur Morgendämmerung.
- 1. Mai – *Beltaine, Beltane, Betain, Walpurgisnacht*: Der Übergang vom Frühling zum Sommer ist Beltaine, was so viel wie „leuchtendes Feuer" oder „Feuer des Bel" bedeutet. Es ist ein Fest der Reinigung und der Fruchtbarkeit, der Zeit der Stärke und Reife. Bel ist der keltische Lichtgott, der Baldur entspricht. Viele der alten Riten leben heute noch fort, etwa in den bäuerlichen Maibräuchen. Wie zu Samhain, das im Jahresrad gegenüber liegt, steht an Beltane die Anderswelt offen. Daher ist der Vorabend, die Walpurgisnacht, ein magisches Datum und wohl das bekannteste Fest der Hexen. Ursprünglich wurde Beltane nicht nachts, sondern am Vormittag gefeiert.
- 1. August – *Lughnasad, Lammas*: Der Herbst beginnt mit Lughnasad, dem ersten der (mit Mabon und Samhain) drei keltischen Erntefeste. Die englische Bezeichnung „Lammas" stammt vom altenglischen „loaf mass" (= „Laibmesse"), weil dabei die ersten Brotlaibe aus der neuen Ernte geopfert wurden. Der Name kommt von Lugh, dem Gott der druidischen Weisheit. Die Angst der Römer und später die der Kirche vor den Druiden bewirkte, dass Lughnasad nicht christlich vereinnahmt, sondern im Gegenteil zum Unglückstag erklärt wurde: Lugh wurde mit Luzifer identifiziert, Lughnasad zum Tag von Satans Sturz in die Hölle. Wir feiern Lammas am Nachmittag.

Magische Stunden

Besondere magische Stunden sollen sich vor allem für Mondrituale eignen. Wer als Hexe magisch arbeitet, kann sich an diese Stunden halten. Man muss sich dabei aber nicht an die exakte Uhrzeit halten, denn schließlich gab es früher keine Armbanduhren. Man richtete seine Zeit nach der groben Unterscheidung von Tag und Nacht ein. Daher galt: Von Sonnenaufgang bis Sonnenuntergang war Tag; von Sonnenuntergang bis Sonnenaufgang herrschte Nacht. Magische Stunden sind nach alter Überlieferung:

Nach Sonnenaufgang

Wochentag	Stunde
Sonntag	vierte und elfte
Montag	erste und achte
Dienstag	fünfte und zwölfte
Mittwoch	zweite und neunte
Donnerstag	sechste
Freitag	dritte und zehnte
Samstag	siebte

Nach Sonnenuntergang

Wochentag	Stunde
Sonntag	sechste
Montag	dritte und zehnte
Dienstag	siebte
Mittwoch	vierte und elfte
Donnerstag	erste und achte
Freitag	fünfte und zwölfte
Samstag	zweite und neunte

Kosmische Stunden

Bei Ihrer magischen Arbeit beziehen Sie immer das Universum mit ein. Daher ist Ihnen sicherlich bekannt, dass nach alter Tradition jedes Jahr, jeder Tag und jede Stunde einem bestimmten Planeten zugeordnet sind. Es kann hilfreich sein, wenn Sie sich bei Ihren Ritualen an diese Planetenstunden erinnern. Wer also beispielsweise ein Liebesritual ausführt, sollte sich am besten an die Stunde und den Tag der Venus (Freitag) halten. Hier die genaue Übersicht:

Stunde	Sonntag	Montag	Dienstag	Mittwoch	Donnerstag	Freitag	Samstag
1 (06–07)	Sonne	Mond	Mars	Merkur	Jupiter	Venus	Saturn
2 (07–08)	Venus	Saturn	Sonne	Mond	Mars	Merkur	Jupiter
3 (08–09)	Merkur	Jupiter	Venus	Saturn	Sonne	Mond	Mars
4 (09–10)	Mond	Mars	Merkur	Jupiter	Venus	Saturn	Sonne
5 (10–11)	Saturn	Sonne	Mond	Mars	Merkur	Jupiter	Venus
6 (11–12)	Jupiter	Venus	Saturn	Sonne	Mond	Mars	Merkur
7 (12–13)	Mars	Merkur	Jupiter	Venus	Saturn	Sonne	Mond
8 (13–14)	Sonne	Mond	Mars	Merkur	Jupiter	Venus	Saturn
9 (14–15)	Venus	Saturn	Sonne	Mond	Mars	Merkur	Jupiter
10 (15–16)	Merkur	Jupiter	Venus	Saturn	Sonne	Mond	Mars
11 (16–17)	Mond	Mars	Merkur	Jupiter	Venus	Saturn	Sonne
12 (17–18)	Saturn	Sonne	Mond	Mars	Merkur	Jupiter	Venus
13 (18–19)	Jupiter	Venus	Saturn	Sonne	Mond	Mars	Merkur
14 (19–20)	Mars	Merkur	Jupiter	Venus	Saturn	Sonne	Mond
15 (20–21)	Sonne	Mond	Mars	Merkur	Jupiter	Venus	Saturn
16 (21–22)	Venus	Saturn	Sonne	Mond	Mars	Merkur	Jupiter
17 (22–23)	Merkur	Jupiter	Venus	Saturn	Sonne	Mond	Mars
18 (23–24)	Mond	Mars	Merkur	Jupiter	Venus	Saturn	Sonne
19 (00–01)	Saturn	Sonne	Mond	Mars	Merkur	Jupiter	Venus
20 (01–02)	Jupiter	Venus	Saturn	Sonne	Mond	Mars	Merkur
21 (02–03)	Mars	Merkur	Jupiter	Venus	Saturn	Sonne	Mond
22 (03–04)	Sonne	Mond	Mars	Merkur	Jupiter	Venus	Saturn
23 (04–05)	Venus	Saturn	Sonne	Mond	Mars	Merkur	Jupiter
24 (05–06)	Merkur	Jupiter	Venus	Saturn	Sonne	Mond	Mars

Die Planetenstunden werden nicht nach der uns bekannten Uhrzeit, sondern von Stunde 1 bis Stunde 24 benannt. Dabei müssen Sie beachten: Die Stunde 1 entspricht der Tageszeit von 6 bis 7 Uhr morgens, die Stunde 24 ist demnach die letzte Nachtstunde und dauert von 5 bis 6 Uhr früh. Während der Sommerzeit verschieben sich die Stunden nochmals.

Magisches Arbeiten

Wenn Sie magische Arbeit verrichten – also landläufig ausgedrückt: hexen –, führen Sie bestimmte Rituale aus. Dies geschieht weder unbedingt an einem der großen Hexensabbate (siehe oben) noch ausschließlich bei Vollmond. Je nach Thema, das Sie im Ritual ansprechen und bekräftigen wollen, verwenden Sie bestimmte Symbole, Farben und Düfte bzw. Räucherwerk. Achten Sie bei den Pflanzen darauf, dass alle Teile trocken sind, wenn Sie sie zum Räuchern verwenden. Die Pflanzen werden im Mörser zerrieben und dann im Räucherfass oder in der -schale auf Feuersand entzündet. Wer möchte, kann sich auch an reine Pflanzenöle halten und diese in einer Duftlampe entzünden. Ebenfalls wichtig ist es, dass Sie auf die richtige Stunde (siehe Tabelle oben) achten. In der folgenden Tabelle habe ich Ihnen eine Übersicht für Ritualthemen, Kerzenfarbe, Zeitpunkt und Räucherung bzw. Duft zusammengestellt.

Ritual für	Kerzenfarbe	Optimaler Zeitpunkt	Räucherung/Duft
Liebe ~Rituale am Freitag ~auch am Donnerstag	Rot	Am Tag und in den Stunden der Venus an 7 Feiertagen hintereinander, von 6–7, 13–14, 20–21 oder 3–4 Uhr	Sandelholz Rose Vanille Honig Jasmin
Gesundheit und Heilung ~Rituale am Sonntag ~auch am Dienstag oder Freitag	Gelb	Am Tag und in den Stunden der Sonne an 7 Sonntagen hintereinander, von 6–7, 13–14, 20–21 oder 3–4 Uhr	Weihrauch Eukalyptus Lavendel Sandelholz
Erfolg ~Rituale am Mittwoch ~auch am Sonntag	Blau	Am Tag und in den Stunden des Merkur an 7 Mittwochen hintereinander, von 6–7, 13–14, 20–21 oder 3–4 Uhr	Myrrhe Lorbeer Zeder Zimt Salbei
Geld und Wohlstand ~Rituale am Donnerstag ~auch am Mittwoch	Grün	Am Tag und in den Stunden des Jupiter an 7 Donnerstagen hintereinander, von 6–7, 13–14, 20–21 oder 3–4 Uhr	Myrrhe Lorbeer Zeder Zimt Salbei
Schutz und Bannung ~Rituale am Montag ~auch am Samstag	Schwarz	Am Tag und in den Stunden des Mondes an 7 Montagen hintereinander, von 6–7, 13–14, 20–21 oder 3–4 Uhr	Zypresse Vetiver Salbei Rosmarin

Ritual für	Kerzenfarbe	Optimaler Zeitpunkt	Räucherung/Duft
Glück/ Wunscherfüllung ~Rituale am Donnerstag ~auch am Mittwoch	Buntfarbig	Am Tag und in den Stunden des Jupiter an 7 Donnerstagen hintereinander, von 6–7, 13–14, 20–21 oder 3–4 Uhr	Myrrhe Lorbeer Weihracuh Nelke Bergamotte Orangenöl
Intuition ~Rituale am Montag ~auch am Donnerstag	Violett	Am Tag und in den Stunden des Mondes an 7 Montagen hintereinander, von 6–7, 13–14. 20–21 oder 3–4 Uhr	Ginseng Jasmin Myrrhe Sandelholz Verbena
Vitalkraft ~Rituale am Sonntag ~auch am Freitag	Gold	Am Tag und in den Stunden der Sonne an 7 Sonntagen hintereinander, von 6–7, 13–14, 20–21 oder 3–4 Uhr	Mistel Rosmarin Lorbeer Nelken
Recht und Gerechtigkeit ~Rituale am Samstag ~auch am Dienstag	Dunkelblau/ Purpur	Am Tag und in den Stunden des Saturn an 7 Samstagen hintereinander, von 6–7, 13–14, 20–21 oder 3–4 Uhr	Weihrauch Pinie Zeder Zypresse Lavendel
Kreativität ~Rituale am Sonntag ~auch am Freitag	Silber	Am Tag und in den Stunden der Sonne an 7 Sonntagen hintereinander, von 6–7, 13–14, 20–21 oder 3–4 Uhr	Zimt Muskatblüte Lorbeer Jasmin Mandel

Ritual für	Kerzenfarbe	Optimaler Zeitpunkt	Räucherung/Duft
Willenskraft ~Rituale am Dienstag ~auch am Samstag	Orange	Am Tag und in den Stunden des Mars an 7 Dienstagen hintereinander, von 6–7, 13–14, 20–21 oder 3–4 Uhr	Tabak Wacholder Zypresse Pinie Zeder
Reinigung	Weiß	An allen Tagen	Weihrauch Salbei Wacholder Zeder Lavendel
Dank ~Rituale am Montag ~auch am Sonntag ~nach Erfolgen	Weiß	Am Tag und in den Stunden des Mondes an 7 Montagen hintereinander, von 6–7, 13–14, 20–21 oder 3–4 Uhr	Weihrauch Eisenkraut Lorbeer

Magische Kräuter und ihre Wirkungen

Das Wissen um die heilenden Kräfte, die in vielen Pflanzen schlummern, ist schon uralt. Etwa 60 000 Jahre vor unserer Zeitrechnung wurden einem Neandertaler einige Heilpflanzen für seine Reise ins Totenreich in die Grabstätte gelegt. Vor mehr als 5000 Jahren gab es bei den Sumerern ein erstes „Kräuterbuch". Der griechische Arzt Pedanios Dioskurides schrieb im ersten nachchristlichen Jahrhundert sein fünfbändiges Werk „De materia medica"; darin sind 600 Pflanzen mit ihrer jeweiligen Heilwirkung genau aufgeführt. Und jede „Dorfhexe" kannte die Kräuter und Pflanzen ihrer Region und wusste sie einzusetzen.

Alte Kräuterbücher wurden immer wieder abgeschrieben und kommentiert; aber erst im 12. Jahrhundert wurden neben den lateinischen Pflanzennamen erstmals auch die deutschen genannt. Damit konnte jeder des Lesens Kundige die uralten Rezepte kennen lernen; viele „Kräuterhexen" und weise Frauen haben daraus ihr Wissen um die Heilkunde geschöpft – neben ihren eigenen Erfahrungen. Dazu kamen die Überlieferungen der Zigeuner, die Paracelsus von Hohenheim (1493–1541) niedergeschrieben hat, nachdem er jahrelang mit ihnen durch Europa gezogen war.

In der Küche – das haben Sie bereits in Kapitel 5 gelesen – duftet manches besonders kräftig. Und Sie können davon ausgehen, dass Kräuter, die ein besonderes Aroma haben, in vielen Fällen auch magisch wirken. Kräuterzauber sind schon immer ein Hauptbetätigungsfeld von Hexen gewesen. Schließlich waren die „Kräuterweiblein" früherer Zeit ja oft auch als Hexen verschrien – auch wenn sie nicht unbedingt magische Kräfte hatten. Aber sie wussten um die Heilkraft vieler Pflanzen und setzten dieses Wissen ein – oft mit Erfolg.

Als Hexe wollen Sie jedoch mehr: Sie wollen mit Pflanzen und Kräutern magische Wirkungen erzielen. Zu diesem Zweck sollten Sie zumindest folgende Kräuter immer zur Hand haben:

Pflanze	Magische Wirkung
Alfalfa	Reinigung
Katzenminze	Frieden
Kamille, Rose	Liebe
Holunderblüte	Schutz
Ingwer	Schutz
Hibiskus	Hellsichtigkeit
Zitronenmelisse	Gesundheit
Rose	Hellsichtigkeit
Salmiakwurzel	Liebe und Sex
Salbei	langes Leben

Kräuterzauber

Wer einen Kräuterzauber ausüben will, sollte folgendermaßen vorgehen:
- Schreiben Sie Ihren Wunsch auf ein Blatt Papier.
- Wählen Sie ein besonderes Papier – nicht einfach nur ein Blatt vom Zettelblock, auf dem Sie normalerweise Ihre Einkaufsliste notieren.
- Überdenken Sie vorher genau, was Sie sich wünschen und wie Sie Ihren Wunsch am besten formulieren. Vielleicht fällt es Ihnen nicht schwer, Ihre Gedanken sogar in Reimform (siehe auch: Affirmation in Kapitel 2) zu verfassen.
- Nähen Sie sich ein Zaubersäckchen. Am besten aus Naturmaterial – also Baumwolle, oder vielleicht sogar aus Seide.
- In das Säckchen legen Sie die Kräuter (siehe Tabelle oben), die Ihrem Wunsch am ehesten entsprechen. Sie sollten jedoch nicht mehr als zwei Kräuter auf einmal verwenden.
- Richten Sie eine feuerfeste Schale her und bereiten Sie Ihren Altar vor.
- Ziehen Sie den magischen Kreis. Zünden Sie eine Kerze in der entsprechenden Farbe an und vertiefen Sie sich in das Kerzenlicht. Richten Sie Ihre Energien auf die Wunscherfüllung. Bitten Sie Ihre ganz persönlichen „guten Geister" um Hilfe.
- Schütten Sie die Kräuter aus dem Zaubersäckchen in die feuerfeste Schale und sprechen Sie Ihren Wunsch dabei laut aus. Wenn es sich um eine gereimte Bitte handelt, können Sie das Aussprechen auch mehrmals hintereinander – wie ein Mantra – wiederholen.
- Lassen Sie die Asche der Kräuter auskühlen und füllen Sie sie dann in das Zaubersäckchen um. Binden Sie es mit einem schönen Seidenband zusammen. Wählen Sie am besten ein Band in der Farbe, die Ihrem Wunsch entspricht: also etwa ein rotes Band für Liebesdinge, ein gelbes für Gesundheit und Wohlbefinden, ein blaues für Erfolg und Finanzen, ein grünes für Harmonie und innere Zufriedenheit.

~ Wenn Sie den Knoten des Seidenbandes knüpfen, sprechen Sie die Formel: „Mit diesem Knoten binde ich den Zauber!"
~ Danach blasen Sie die Kerze aus, lösen den magischen Kreis auf und verwahren das Säckchen an einem Ort, den nur Sie kennen.
~ Hat sich Ihr Wunsch erfüllt, dann danken Sie nochmals dafür und vergraben das Zaubersäckchen in der Erde – an einem Ort, der Ihnen gefällt oder der Ihnen wichtig ist.

Wie Hexen Kräuter sammeln

Gerade beim Sammeln der Kräuter haben sich viele alte Traditionen erhalten. Wichtig für das Sammeln von Heilkräutern war und ist immer der richtige Zeitpunkt. Dabei spielt der Mond eine entscheidende Rolle, denn nicht nur sein Stand im Zyklus, sondern auch das Tierkreiszeichen, das er gerade durchläuft, muss beachtet werden.

Die Druiden mit der goldenen Sichel

Besonders heilige Pflanzen erforderten natürlich spezielle Rituale. Der römische Geschichtsschreiber Plinius (23 – 79) hat uns überliefert, dass zum Beispiel die keltischen Druiden die Mistel genau am sechsten Tag nach Neumond mit einer „goldenen Sichel" schnitten, dabei waren sie in weiße Gewänder gehüllt. Die Mistelzweige durften den Boden nicht berühren und wurden deshalb in einem weißen Tuch aufgefangen. Bestimmte heilige Pflanzen durfte man auch später, nach der Zeit der Druiden, nur barfuß pflücken. Manchmal musste man vorher Brot und Wein opfern oder beim Sammeln Zaubersprüche aufsagen. Man reinigte solche Kräuter manchmal sogar in Muttermilch.

Magische Vorschriften besagten früher ganz klar, wann ein Kraut gesammelt werden durfte. Kräuterhexen kennen bis in unsere Zeit hinein folgende Rituale:
~ Man darf Heilkräuter nur pflücken, wenn man frisch gebadet ist.
~ Man soll nüchtern sein und gefastet haben.
~ Man sollte vor Sonnenaufgang pflücken.
~ Man darf dabei nicht sprechen und auch nicht angesprochen werden.
~ Man sollte sich an den Wochentag halten, der die Pflanze regiert (siehe unten).

Die Wochentage werden – wie jede Stunde des Tages – von den einzelnen Planeten regiert. Dabei gilt:
~ für den Montag ist der Mond der Tagesplanet,
~ für den Dienstag der Mars,
~ für den Mittwoch der Merkur,
~ für den Donnerstag der Jupiter,
~ für den Freitag die Venus,
~ für den Samstag der Saturn und
~ für den Sonntag die Sonne.

Wenn Sie selbst zum Kräuterpflücken gehen, sollten Sie die folgenden Regeln beachten:
~ Ernten Sie immer nur frische und gesunde Kräuter.
~ Die Pflanzen sollten nicht von Schädlingen befallen oder von Schnecken angefressen sein.
~ Halten Sie die gesammelten Kräuter sortiert, vermischen Sie sie nicht.
~ Am besten sammeln Sie Heilkräuter in einem Korb.
~ Plastikbeutel sind ungeeignet, denn die Pflanzen dunsten darin.
~ Heilpflanzen sammelt man nicht an Regentagen und nicht bei Nebel.
~ Die Kräuter sollten auch nicht mehr vom Tau bedeckt sein.
~ Die beste Sammelzeit – mit Blick auf die Stundenregenten – ist der späte Vormittag oder die Mittagszeit.

- Wurzeln sammelt man allerdings besser frühmorgens. Sie sollten Wurzeln von Heilpflanzen aber lieber nicht selbst stechen: Unter Umständen gefährden Sie nämlich den Pflanzenbestand. Wurzeln bekommen Sie getrocknet in jeder guten Apotheke.
- Sammeln Sie niemals mehr, als Sie brauchen oder verarbeiten können.
- Heilpflanzen muss man in der richtigen Jahreszeit ernten.
- Natürlich ernten Sie immer nur solche Heilpflanzen, die Sie genau kennen!

Die Mondphasen und die magische Kräuterernte

Der Mondzyklus bestimmt, wann Sie bestimmte Pflanzen ernten bzw. sammeln sollten:
- Wurzeln sollte man stets bei Vollmond oder abnehmendem Mond ausgraben. Man sollte sie nicht dem Sonnenlicht aussetzen, deshalb sind die Stunden vor Sonnenaufgang oder die späten Abendstunden am besten geeignet.
- Blätter sammeln Sie bei zunehmendem Mond, am besten zwischen Neumond und Vollmond. Eine Ausnahme ist lediglich die Brennnessel: Man sollte sie ausschließlich bei abnehmendem Mond pflücken und ihren Tee auch nur bei abnehmendem Mond trinken.
- Blüten pflückt man stets bei zunehmendem Mond oder Vollmond. Will man die Pflanzen jedoch trocknen, eignet sich der abnehmende Mond besser, denn die Blüten trocknen dann schneller.
- Früchte und Samen erntet man zu sofortigem Gebrauch bei zunehmendem Mond, zum Trocknen und Lagern jedoch bei abnehmendem Mond.

Manchmal ist sogar die Himmelsrichtung, in die man beim Pflücken blickt, entscheidend:
- Pflanzen, die von Mond, Venus oder Merkur regiert werden, pflückt man mit Blick nach Westen;

~ Pflanzen mit dem Regenten Saturn, Mars oder Jupiter pflückt man in Richtung Süden oder Osten blickend;
~ Pflanzen, die von der Sonne beherrscht werden, sammelt man mit Blick nach Süden.

Hier eine Übersicht:

Himmelsrichtung	Planet	Pflanzen	Allgemeines
Westen	Mond	Aloe, Baldrian, Eukalyptus, Himbeere, Holunder, Jasmin, Kamille, Katzenminze, Malve, Olive, Palme, Passionsfrucht, Rotdorn, Weide, Ysop, Zitronenmelisse	~Die Kraft aller Pflanzen „geht" mit dem Wachstum des Mondes ~einzige Ausnahme: die Zwiebel!
Westen	Venus	Eisenkraut, Veilchen, Frauenhaar, Baldrian, Thymian, Sandelholz, Koriander, Feige, Granatapfel, Rose, Myrte	~alle gewürzhaften Pflanzen ~alle lieblichen Obstsorten
Westen	Merkur	Haselstaude, Fünffingerkraut, Bingelkraut, Erdrauch, Pimpernelle, Majoran, Petersilie	~alle Pflanzen, die kurze und kleine Blätter haben
Süden und Osten	Saturn	Schlangenkraut, Raute, Kümmel, Nieswurz, Stinkender Alant, Alraune, Mohn, Schwarze Feige	~Pflanzen, die betäuben, ~keine Früchte tragen oder ~schwarze Beeren hervorbringen

Himmelsrichtung	Planet	Pflanzen	Allgemeines
Süden und Osten	Mars	Nieswurz, Rettich, Knoblauch, Meerrettich, Distel, Nessel, Zwiebel, Senf; Kornelkirschbaum	~Pflanzen, die stechende Dornen haben oder ~Blasen verursachen ~alle stacheligen Bäume
Süden und Osten	Jupiter	Silberblättrige Wollblume, Basilienkraut, Ochsenzunge, Muskatblüte, Lavendel, Minze, Mastix, Alant, Lolch, Bilsenkraut; Eiche, Rosskastanie, Stecheiche, Buche, Pappel, Birne, Apfel, Korn, Gerste, Weizen, Rosinen; Nüsse, Mandeln, Rhabarber, Pistazien	~Pflanzen, die süße Früchte tragen ~Pflanzen mit feinem und scharfem Geschmack
Süden	Sonne	Lotus, Päonie, Schwalbenkraut, Enzian, Eschenwurz Eisenkraut, Lorbeer, Zeder, Palme, Esche, Efeu, Weinstock, Minze, Safran, Gewürznelken, Zimt, Pfeffer, Majoran, Rosmarin	~Pflanzen, die nach der Sonne gehen ~alle immergrünen Pflanzen

Wie man magische Kräuter trocknet

Früher war das Trocknen die einzige Möglichkeit, Kräuter für den Winter zu konservieren. Küchenkräuter kann man heutzutage zwar in die Gefriertruhe geben, denn sie behalten ihren guten Geschmack und lassen sich zum Würzen und Kochen verwenden. Magische Kräuter jedoch gehören nicht in die Tiefkühltruhe. Sie müssen – möglichst schonend! – getrocknet werden. Auch hierfür gibt es Regeln:

~Man darf Kräuter weder in der Sonne noch zu dicht am Ofen trocknen.

~Der Trockenplatz sollte nicht zugig sein, wohl aber luftig. Am besten ist ein Dachboden oder ein gut belüfteter Kellerraum.

~Traditionell ist die Methode, Kräuterbündel zusammenzustellen und diese auf einem Gestell über dem Ofen zu trocknen. Wild wachsende Kräuter trocknet man heute am besten bundweise zusammen auf großen Tabletts.

~Die Kräuter müssen knisternd trocken, aber noch grün sein. Wenn sie braun werden, war die Hitze zu groß und ihre Wirkung ist beeinträchtigt.

~Sind die Pflanzen getrocknet, müssen sie so schnell wie möglich an ihrem endgültigen Platz gelagert werden.

~Sie dürfen auf gar keinen Fall mit Feuchtigkeit in Berührung kommen: Sie werden sonst modrig und können sogar schimmeln.

~Zerreiben Sie die Kräuter zwischen den Händen auf einem Stück sauberen Papiers. Geben Sie sie dann in Gläser, Dosen oder Pappschachteln zur Aufbewahrung.

~Wenn die Gläser aus hellem durchsichtigem Glas sind, muss man sie in einen dunklen Schrank stellen: Licht kann die Heilwirkung beeinträchtigen. Am besten legen Sie sich für Pflanzen dunkle Glasgefäße oder Weißblechdosen zu. Darin sind die wertvollen Kräuter vor Lichteinfall und Feuchtigkeit geschützt.

Geheime Pflanzen im Zeichen der Planeten

Für die magische Arbeit wurde früher manches Kraut verwendet, das heute zu den so genannten Biodrogen zählt, also zu den Rauschmitteln, die bei falschem Gebrauch gefährliche Halluzinationen und Vergiftungen hervorrufen. Die geheime „Hexensalbe" etwa, die angeblich das Fliegen ermöglichen sollte, war nichts anderes als eine Mischung solch halluzinogener Stoffe. Ich möchte auf diese Pflanzen hier nicht näher eingehen und auch ausdrücklich vor ihrem Gebrauch warnen!

Gute Wirkungen können Sie auch mit anderen magischen Pflanzen erzielen. Vor allem, wenn Sie bei Ihrem Ritual auf den entsprechenden Tag und die richtige Stunde achten. Alle nachfolgend aufgeführten Pflanzen dienen beim Ritual als Räucherwerk oder Duftöl.

Planet	Pflanze/Räucherstoff	Wirkung
Sonne = Sonntag	~ Mistel ~ Rosmarin ~ Lorbeer ~ Nelkenblüten	~ Förderung persönlicher Angelegenheiten ~ Gelderwerb ~ Stärkung von Vitalkraft und Lebensfreude
Mond = Montag	~ Mohn ~ Kümmel ~ Kampfer ~ Hanf	~ Stärkung von Mut, Tatkraft und Vitalität ~ Abwehr von schwarzer Magie
Merkur = Mittwoch	~ Thymian ~ Fenchel ~ Anissamen ~ Pimpernelle	~ Förderung des persönlichen Glücks ~ Übungen zum Übergang des Bewusstseins bei Ritualen

Planet	Pflanze/Räucherstoff	Wirkung
Venus = Freitag	~Waldmeister ~Baldrian ~Rosenblüten ~Zimt	~Beschwörung von Geistwesen ~für schwarzmagische Arbeiten
Erde	~Holundermark ~Petersilie ~Spitzwegerich	~für die Entwicklung dynamischer Kräfte ~für den Erwerb magischen Wissens
Mars = Dienstag	~Eisenhut ~Zwiebelsamen ~Brennnessel ~Ginster	~für Experimente beim Hellsehen ~für mystische Visionen
Jupiter = Donnerstag	~Lavendel ~Leinsamen ~Birkenblätter	~für die Steigerung medialer Fähigkeiten ~für Hypnose und Hellsehen
Saturn = Samstag	~Farnkraut ~Nieswurz ~Tollkirsche ~Bilsenkraut	~zur Steigerung intellektueller Fähigkeiten ~zur Begünstigung geschäftlicher Pläne ~für Experimente mit Telepathie
Uranus	~Espe ~Faulbaum ~Schlehe	~für Liebes- und Sympathiezauber ~zur Förderung von Kreativität
Neptun	~Ampfer ~Binse ~Wasserschierling	~zur Förderung von Reichtum ~zur Anziehung von Geistwesen

„Hexenhammer" und Hexenprobe: Aus der Geschichte

> Ein Tropfen gift'ger Dünste voll
> an einem Horn des Mondes blinkt;
> den fang' ich, eh' er niedersinkt;
> der, destilliert mit Zauberflüchen,
> ruft Geister, die mit list'gen Sprüchen
> ihn mächtig täuschen, dass Beschwörung
> ihn treibt in Wahnwitz, in Zerstörung.
>
> SHAKESPEARE, MACBETH, 3. AKT, 5. SZENE

Heute betrachten die meisten Menschen die Welt kühl und sachlich. Wir können das Grauen unserer Ahnen nicht nachvollziehen, das sie vor dem Unbekannten hatten, mit dem sie Stürme, Erdbeben, Fluten und ähnliche Naturereignisse in Verbindung brachten. Wir suchen heute die Erklärung für diese Phänomene in der Wissenschaft: Physik, Chemie, Biologie oder Meteorologie versuchen uns die Vorgänge in der Natur begreiflich zu machen, sie auszumessen und Vorausberechnungen für Katastrophen zu erstellen. Oftmals gelingt dies jedoch nicht – und wir stehen den Mächten der Natur genauso hilflos gegenüber wie unsere Ahnen. Doch wir suchen die Ursachen nicht mehr im Übersinnlichen.

Was unsere Ahnen glaubten

Im Altertum, im Mittelalter und noch in der frühen Neuzeit schrieb man Ereignisse und Schicksale anderen Wesen zu: den Geistern verstorbener Verwandter, Göttern, Feen, Elfen und auch

Dämonen. Die Menschen fühlten sich diesen Wesen ausgeliefert. Und die wenigen Personen, die damals schon die Kräfte der Natur für sich zu nutzen wussten, wurden von den anderen sehr geschätzt. Sie hatten den Ruf, mit ebendiesen „Geistwesen" in Verbindung zu stehen und so Einfluss auszuüben, und zwar auch darauf, ob diese Wesen einem gut oder böse gesonnen waren. Natürlich wurde diese Macht auch mit ehrfürchtiger Scheu, Missgunst und Neid betrachtet. Denn ursprünglich genossen die meisten „zauberfähigen" Personen großes Ansehen und hatten hohe Positionen innerhalb der Gesellschaft: Sie wurden im Altertum als Priesterinnen und Priester verehrt. Und selbst später, zu den Zeiten der Hexenverfolgung, gab es an vielen Fürstenhöfen berühmte „Magier" und „Schwarzkünstler", die im Auftrag der Obrigkeit handelten. Allerdings durften sie das nur, solange kein Verdacht bestand, dass sie ihre Macht missbrauchten oder sich selbst zu bereichern suchten.

Zu allen Zeiten gab es Scharlatane und „schwarze Schafe", die der Hexenkunst und der Magie Schaden zufügten, weil sie Schwindler waren oder aus egoistischen Gründen oder reiner Boshaftigkeit negative Magie betrieben. Sie sind mit ein Grund, warum Hexen in Verruf gerieten. Eine weitere wichtige Ursache war außerdem sicherlich der Machtanspruch der christlichen Kirche. Man darf nicht vergessen, dass vor allem Frauen von der Hexenjagd betroffen waren. Denn immerhin kannten sie sich schon lange in der Heilkunst aus (siehe Einführung) und waren Geburtshelferinnen, wussten aber selbstverständlich auch Mittel und Wege, eine Schwangerschaft zu verhindern oder abzubrechen. Den Oberen der Kirche war das damals wie heute ein Dorn im Auge.

Die Geschichte der Hexenverfolgungen hat schon vor Jahrtausenden begonnen – und sie steckt voller entsetzlicher Grausamkeiten. Dennoch möchte ich Ihnen – denn ein Buch über Hexenmagie wäre sonst nicht vollständig – im Folgenden einen kurzen Abriss geben.

Die Geschichte von Magie und Hexerei

Ursprünge und Altertum

Einige Wissenschaftler wie die Ägyptologin Margaret Murray vertreten – ebenso wie Gerald Gardner, der „Urvater" der modernen Hexenreligion Wicca – die Auffassung, dass das Hexentum bis in die Jungsteinzeit zurückreicht. Die Verfechter dieser mittlerweile umstrittenen Theorie berufen sich auf Höhlenmalereien, die gehörnte Jagdgötter darstellen, sowie auf „Venusstatuetten" (zu denen etwa die berühmte Venus von Willendorf gehört). Einige dieser prähistorischen Werke sind etwa 25 000 Jahre alt. Ohne Zweifel kann man die Priester, Heiler, Hebammen und Lehrer der erwachenden Menschheit in der Vorzeit im Grunde „Hexen" nennen: Sie leiteten Rituale, in denen die Mitglieder des Stammes auf den nächsten Lebensabschnitt (Geburt, Pubertät, Alter, Tod und Wiedergeburt) vorbereitet wurden; sie waren Schamanen, die den Kontakt mit der Welt der Geister und Götter herstellten; sie sorgten dafür, dass der Stamm Erfolg bei der Jagd hatte und dass die Kinder gesund zur Welt kamen. Und sie kannten heilende und schmerzlindernde Pflanzen.

> **Hexen leben an der Grenze zwischen den Welten**
>
> Das Wort „Hexe" stammt vom mittelhochdeutschen Wort „hagazussa": Zaunreiterin. Nach wie vor „reiten" Hexen und Magier auf dem Zaun – der Grenze – zwischen den Welten. Schon die ersten Hexen kannten eine dreifaltige Göttin (Jungfrau, Mutter und Greisin) und einen Gehörnten Gott der Jagd. Die Göttin verkörperte alles Weibliche im Universum: die Erde, den Mond, die warme Hälfte des Jahres, Geburt und Leben, aber auch die Nacht. Der gehörnte Gott war der Lebensgefährte der Göttin und repräsentierte das Männliche in der Welt: die Jagd, den Himmel, die dunkle und kalte Jahreshälfte, den Tag, Tod und Wiedergeburt.

In den relativ kleinen Gemeinschaften der Jäger und Sammler war das Zusammenwirken der einzelnen Stammesmitglieder eine absolute Notwendigkeit, denn von ihm hing das Überleben der ganzen Gemeinschaft ab. Erst später, in der Zeit beginnender Sesshaftigkeit sowie des Ackerbaus und der Viehzucht, gingen Wissen und damit auch magische Macht mehr und mehr von einer zentralen Staatsgewalt aus. Um 2900 vor unserer Zeitrechnung existierten die ersten Hochkulturen im Zweistromland zwischen Euphrat und Tigris – und dort war Magie bereits gesetzlich geregelt. Magier, die nicht den Segen der Obrigkeit hatten, wurden unterdrückt. Und es gab schon vor 3000 Jahren Hexenverfolgungen: Aus der Zeit um 1088 vor unserer Zeitrechnung kennen wir das Mesopotamische Hexenbuch. Bereits die Assyrer und Babylonier kannten auf Besen reitende Hexen und ab 1083 galt in Assyrien die Todesstrafe für Hexerei. Die Gebote gegen Magier und Hexen im Alten Testament der Bibel stellten ebenfalls eine Regulierung staatlicher Magie dar: Die alten Hebräer wussten Propheten und damit Hellseherei durchaus zu schätzen. Sie nutzten dieses Wissen und diese Fähigkeiten auch – solange diese im Dienste der Obrigkeit standen. Freischaffende Magier dagegen galten als „böse Hexen". Der Gebrauch von Magie war in allen westlichen Hochkulturen von Babylon bis Rom streng reglementiert. Im Griechenland der Antike entwickelten sich zwar die Geisteswissenschaften; dennoch glaubte man an Zwischenwesen, die als Mittler zwischen Menschen und Göttern fungierten. Dies wurde später – stark verfälscht – in die römische Götterlehre übernommen. Der Glaube an Dämonen war also zu allen Zeiten im Bewusstsein eines Volkes verankert.

Was versteht man unter Magie?

In der Frühgeschichte hielten die Menschen fast alles in der Welt für magisch. Erst allmählich lernten sie, die zunächst unverständlichen Naturerscheinungen zu begreifen und zu meistern. Das Wort „Magie" stammt aus dem Persischen und bezeichnet ursprünglich das Hüten des Feuers – ein deutlicher Hinweis darauf, wie wichtig Feuer für die Menschheit war, vor allem, als man die Gesetze der Feuerherstellung und -beherrschung noch nicht kannte. Später wurde das Wort Magie auch für andere Dinge benutzt: zunächst im Bereich der Sternkunde, in der Heilkunst, in der Alchemie. Die ersten Wissenschaften ließen den Glauben an die Magie nach und nach verschwinden. Die Magie wurde im Laufe der Jahrhunderte und verstärkt in den letzten 250 Jahren in die Welt der Sagen und Märchen verdrängt. Übrig blieb – für den Bereich der Religionen – der magische Wunderglaube an das für die Wissenschaft bedeutungslose Gebiet der Todesfurcht und der Hoffnung auf das Jenseits. Prophezeiung, Opfer, Beschwörung, Teufelsfurcht und Gottesanbetung sind heute noch überall auf der Welt in den Religionen vertreten.

Das frühe Christentum bis zum 4. Jahrhundert

Mit dem Aufstieg des Christentums kam es auch zum entschiedenen Kampf gegen das Heidentum. Der „Erfinder" der christlichen Dämonenlehre war Bischof Augustinus von Hippo (354–430): Heidnische Götter waren als Dämonen verfemt; der Umgang mit ihnen und vor allem mit den Menschen, die als Vermittler zu ihnen galten – zum Beispiel Druiden und Hexen –, wurde streng verboten. Dennoch hielten viele Menschen heimlich am alten Brauchtum fest: Sie gingen weiterhin an die überlieferten Kultstätten, feierten traditionelle Rituale und verwendeten „Zaubersprüche". Die Kirche sah sich dadurch zwar in ihrem Machtanspruch bedroht, bestrafte die Ungläubigen jedoch vorerst lediglich mit dem Ausschluss vom Gottesdienst. Hexenverfolgungen gab es damals noch nicht.

Das Mittelalter

Es gab schon früh christliche Gemeinschaften, die Kritik an der Kirche in Rom übten. Die meisten jedoch konnten sich nicht durchsetzen. Ab dem 12. Jahrhundert jedoch wuchsen zwei Gruppen zu echten Volksbewegungen heran: zum einen die Katharer (griechisch: „die Reinen") – eine Bezeichnung, von der sich übrigens der Begriff „Ketzer" ableitet; zum anderen die Waldenser, die sich nach ihrem Begründer Petrus Valdes (gestorben vor 1218) nannten. Beide Reformbewegungen zweifelten an der Richtigkeit vor allem des Besitz- und Pfründewesens der Amtskirche sowie an der Sittenlosigkeit und dem Wohlleben der Bischöfe, Priester und Mönche. Die Katharer hatten gewaltigen Zulauf, denn sie forderten – und lebten – Armut und Schlichtheit. Die Unzufriedenheit mit der Führung der römischen Kirche wuchs und immer mehr Menschen wandten sich von ihr ab. Selbst ein groß angelegter „Predigtfeldzug" des damaligen Papstes brachte keinen Erfolg. Der römischen Kirche blieb nur noch das Mittel der Gewalt, um die eigene Macht zu sichern: Mithilfe von Fürsten und Königen wurden die Katharer und ihre Anhänger in einem 20 Jahre dauernden Vernichtungskrieg (1209–1229) praktisch ausgelöscht. Der Papst kam zu dem Schluss, dass nur der Teufel die Ursache dieses Übels war: Satan sei in die Abtrünnigen gefahren und hätte ihnen geholfen, ihre ketzerischen Ansichten zu verbreiten – mit der Hilfe von Hexen und Magiern. Wollte die Kirche ihre Macht erhalten, dann mussten diese also ebenfalls eliminiert werden. So kam es zur Inquisition.

Die päpstliche Inquisition

Im Jahre 1232 begründete Papst Gregor IX. eine zentrale Kirchenbehörde, die den rechten Glauben verteidigen sollte: die päpstliche Inquisition (von lateinisch „inquisitio" = Untersuchung, Erforschung). Von nun an musste es keine offizielle Anklage wegen Hexerei mehr geben, sondern „Glaubensrichter" konnten nach eigenem Gutdünken nach Ketzern fahnden. Alle Christen waren verpflichtet, jeden Verdächtigen anzuzeigen. Beim nachfolgenden Verfahren gab es keine Verteidigung und der ganze Prozess verlief unter strengster Geheimhaltung. Die Inquisitoren führten die Verhandlung und waren Richter und Ankläger zugleich. Ihre Urteile waren endgültig und ließen keine Berufung zu. Im Jahre 1252 wurde mit päpstlicher Erlaubnis außerdem die Folter bei Hexenprozessen zugelassen. Das hatte zur Folge, dass die dadurch erpressten Aussagen als Beweis für Hexerei galten, denn man glaubte, dass der Teufel die Menschen nicht nur vom rechten Glauben abhielt, sondern ihnen als Gegenleistung dafür übernatürliche und schwarzmagische Fähigkeiten schenkte. Die Jagd auf Hexen und Magier begann.

Der „klassische" Begriff der Hexerei (seit etwa 1430) wird durch vier Elemente bestimmt:
~ den Teufelsbund: Die Hexen schließen einen Bund, einen Pakt mit dem Teufel und verschwören sich damit gegen Gott.
~ die Teufelsbuhlschaft: Die Hexen besiegeln diesen Pakt durch einen Geschlechtsakt mit dem Teufel, ihrem Buhlen.
~ den Hexensabbat: Die Hexen fliegen zum Hexentanz an einen bestimmten Ort, etwa den Blocksberg, den Hörselberg etc. und huldigen dort gemeinsam ihrem Meister, dem Teufel.
~ den Schadenzauber: Die Hexen richten durch einen Zauber in Teufels Namen Schaden an Mensch und Vieh an.

Der Beginn der Hexenprozesse: 1230–1484

Thomas von Aquin (1225–1274) war der wohl einflussreichste Gottesgelehrte des Mittelalters. Er galt als „Fürst der Wissenschaft". Umso verhängnisvoller waren seine Vorstellungen von der Macht der Hexen, die auch er als Diener des Teufels brandmarkte. Papst und römische Kirche begrüßten seine Überzeugungen, sie flossen in die offizielle Lehre mit ein: Der Hexenbegriff wurde immer mehr an den Teufelsglauben gekoppelt.

Von Historikern wird das Jahr 1484 als Beginn der großen Hexenverfolgungen angesehen. In jenem Jahr erschien die Bulle „Summis desiderantes" des Papstes Innozenz VIII. Im Jahre 1487 veröffentlichten zwei dominikanische Mönche, Jakob Sprenger (1436–1495) und Heinrich Institoris Kramer (1430–1505), das Buch „Malleus Maleficarum", den berüchtigten „Hexenhammer". Die beiden Mönche benutzten die päpstliche Bulle, die allerdings lediglich zur Verfolgung von Ketzern aufrief und Hexen nicht erwähnte, als Vorwort zum „Hexenhammer". Das Werk wurde in 200 Jahren 29-mal neu aufgelegt und war die exakte Gebrauchsanweisung der katholischen Kirche für die bis ins 18. Jahrhundert hinein reichende Hexenjagd. Auch in Amerika kam es zu Hexenverfolgungen. Bekannt sind die Geschehnisse in der Stadt Salem in Massachusetts: Im Jahre 1692 wurden hier 20 Frauen als Hexen verbrannt.

„Malleus Maleficarum" – Der „Hexenhammer"

Der „Hexenhammer" wurde zum ersten Mal 1487 in Straßburg gedruckt. Die Abhandlung besteht aus drei Teilen. Im ersten Teil versuchen die Autoren die Existenz (und Boshaftigkeit) der Hexen zu beweisen. Der zweite und dritte Teil bestehen aus einem Katalog von Fragen, die während des Verhörs zu stellen sind, sowie dem Protokoll des Verhörs. Der „Hexenhammer" schreibt den Einsatz der Folter vor, sogar im Falle eines Geständnisses.

Der Höhepunkt der Hexenverfolgung: 1500–1700

Bis Ende des 16. Jahrhunderts hatte die Inquisition große Macht inne. Ihren Höhepunkt fanden die Hexenprozesse und -verbrennungen im Zusammenhang mit Reformation, Gegenreformation und Jesuitismus, also in den Jahren zwischen 1570 und 1700. Erst der Dreißigjährige Krieg (1618–1648) bewirkte, dass die Verfolgung von Hexen nachließ. Bis dahin wurden jedoch – das ist von Historikern belegt – etwa eine Million Menschen grausam hingerichtet; 200 000 davon fielen protestantischen Eiferern zum Opfer. Der überwiegende Teil der Opfer waren Frauen, aber auch Männer und sogar Kinder wurden vom Wahn der Hexenverfolgung erfasst. Als besonders milde Strafe galt es vor allem bei Kindern, wenn man sie nicht öffentlich hinrichtete, sondern in einer Wanne verbluten ließ oder sie noch im Kerker köpfte.

Die Hexenprobe

Der Hexerei verdächtigte Frauen mussten sich einer so genannten Hexenprobe unterziehen, die oft mit dem Tod endete:
- Bekannt ist die Wasserprobe, die im deutschsprachigen Raum bis ins 19. Jahrhundert angewandt wurde. Dabei band man den Opfern Hände und Füße zusammen. Dann warf man die Hilflosen ins Wasser – oft in einen Teich oder Fluss. Gingen die Frauen unter, war ihre Unschuld erwiesen. Hielten sie sich jedoch über Wasser, bedeutete das, dass sie mit dem Teufel im Bunde standen.
- Auch das so genannte Teufelsmal („stigma diabolicum") galt als sichere Hexenprobe: Man ging davon aus, dass der Teufel seine Anhänger mit einem verborgenen Zeichen markierte. Wurde jemand der Hexerei verdächtigt, entkleidete man ihn und suchte nach Warzen oder Hautflecken, die sich durch Waschen nicht entfernen ließen.

~ Die Hexenwaage wurde verwendet, weil man glaubte, dass Hexen leichter wären als gewöhnliche Menschen. Man wog die Verdächtigen jedoch oft gegen sehr leichte Gewichte auf. Im englischen Bredford ging man sogar so weit, das Opfer gegen eine nur zwölf Pfund schwere Bibel auf die Waage zu stellen.

Das allmähliche Ende der Hexenjagd: 1700–1792

Ab etwa 1700 spielte die Hexenverfolgung keine große Rolle mehr. Die Aufklärung, der Rationalismus sowie das Aufblühen der Wissenschaft – all das trug sicher dazu bei, dass der Einfluss der Kirche nachließ. Man glaubte eher an Vernunft und Logik statt an den Teufel, an Hexerei oder Magie. Dennoch beschäftigte man sich durchaus mit Okkultismus. Im Volksbewusstsein wandelte sich das Bild: Hexen und Zauberer kamen nur noch in Märchenbüchern vor. 1775 wurde die letzte Hexe in Deutschland verbrannt. Der römisch-deutsche Kaiser Joseph II. (1741–1790) sprach 1786 das offizielle Verbot der Hexenverfolgung aus. 1792 wurde die letzte Hexe in Europa (in Polen) hingerichtet.

Unsere Zeit: das 20. und 21. Jahrhundert

Es gab allerdings auch nach 1792 – als die letzte Hexe in Europa hingerichtet wurde – noch gültige Gesetze gegen Hexerei und auch noch Hexenprozesse, etwa in Großbritannien. Und es tauchte sogar im 20. Jahrhundert noch hin und wieder aufflackernder Hexenhass auf.
~ 1927: In Franken lauert eine Frau einer älteren Frau nach dem Kirchgang auf. Sie sticht auf die 72-jährige Frau ein. Ihr Motiv: Sie glaubt, die alte Frau sei eine Hexe und müsse unschädlich gemacht werden.
~ 1944: In London wird gegen Helen Duncan ein Hexenprozess geführt. Man beruft sich auf das Hexengesetz aus dem Jahre

1784. Sie kam ins Gefängnis und starb bei einer weiteren Verhaftung an einem Schock. 1951 wird das Hexengesetz aus dem 18. Jahrhundert endlich abgeschafft.
~ 1969: In Ungarn versuchten sechs Zigeuner, eine alte Frau als Hexe zu verbrennen.
~ 1970: In Mexiko wird ein Hexenring aufgedeckt, der zwölf Personen mit rituellen Zeremonien umgebracht haben soll.
~ 1976: Auf bischöfliche Anweisung hin wird der 23-jährigen Anneliese Michel in Klingenberg/Main von zwei Geistlichen der Teufel ausgetrieben. Sie stirbt unter Gebeten.
~ 1981: Eine Mutter aus Kiel erwürgt ihre 6-jährige Tochter, um ihr den Teufel auszutreiben.
~ 1983: In Basel lebt der Hexenmeister Johann Rühlin alias „Sartorius". Er hält sich für den Stellvertreter Satans, mit dem er 1980 gekämpft haben will.

Das moderne Hexentum

Nach alter Legende wurde das geheime Wissen um die magischen Künste von der Mutter auf die Tochter, vom Vater auf den Sohn überliefert. Heute ist das moderne Hexentum – Wicca – eine weltweite Religion. Die Zahl der Hexen wird allein in den Vereinigten Staaten auf einige Millionen geschätzt. Mindestens 30 Hexengruppen sind von der amerikanischen Steuerbehörde offiziell als Kirchen anerkannt. Wicca-Gemeinschaften gibt es auch in Großbritannien, Kanada, Australien, Neuseeland, Deutschland, Schweden und in anderen Ländern.

Im Verlauf des 20. Jahrhunderts traten immer mehr Hexen mit Bruchteilen des alten Wissens an die Öffentlichkeit. Gerald Gardner hat in Großbritannien in den Fünfzigerjahren mit seinem Buch einen Anfang gemacht. Jetzt, im 21. Jahrhundert, sind immer mehr Menschen bereit, ihre magischen Energien zu entdecken und im Einklang mit Natur und Universum zu leben.

Anhang

Lexikon der magischen Begriffe

Abnehmender Mond: die Zeit des „unheilvollen Monds" und damit die Zeit der schwarzen Magie. In dieser Zeit wird vor allem jener Zauber ausgeübt, der mit Vergeltung, Zwietracht, Hass, Unglück und Verderben zu tun hat.

Abrakadabra: magisches Wort aus dem antiken Buchstabenzauber. Es soll aus biblischer Zeit stammen und so viel bedeuten wie „hinfort".

Abraxas: Zauberwort, auch göttlicher Geheimname. Die Herkunft liegt im Dunkeln, es soll sich aber um die Anfangsbuchstaben hebräischer Gottesnamen handeln.

Abwehrzauber: Er soll im Gegensatz zum Gegenzauber schädliche Einflüsse fern halten oder unwirksam machen.

Affirmation: kurzer, prägnanter Satz, der in klaren Worten das Ziel umfasst, das eine Hexe mit ihrer magischen Arbeit anstrebt. Affirmationen werden während eines Rituals oft wiederholt, um einen Wunsch bzw. ein Ziel zu verinnerlichen und damit dem Unterbewusstsein einzupflanzen.

Alraune: Bestandteil von Hexensalben. Die Alraunenwurzel sieht oft wie die Gestalt eines Menschen aus und wurde früher als Glückswurzel sehr teuer gehandelt. Um in den Besitz der Alraune zu kommen, musste man die Pflanze während der Johannisnacht ausreißen und die Ohren dabei fest verschließen. Denn nach der Überlieferung wehrte sich die Alraune mit einem Tod bringenden Schrei.

Amulett: magisches Schutzmittel, das böse Mächte abwehren soll.

Analogiezauber: grundlegende Praktik der Magie. Dabei geht man davon aus, dass die symbolische Darstellung eines gewünschten Erfolges ausreicht, diesen tatsächlich herbeizuführen.

Anblasen oder *Anhauchen:* Praktik der Hexerei, die als Heilmittel und zur Linderung schmerzender Stellen eingesetzt wird.

Anrühren: Verhexen durch direkte Berührung.

Apfel: Zutat für Liebeszauber.

Asyl: siehe Beschwörungsort.

Bannkreis: dient zum Festhalten eines angerufenen Dämons.

Beltane: einer der acht Hexenfeiertage; ursprünglich die keltische Bezeichnung für die Nacht vor dem 1. Mai. Beltane ist der passende Termin für Liebeszauber.

Bergamotte: Zutat für einen Glücks- oder Erfolgszauber.

Berühren: Methode eines Schutzzaubers.

Beschreien: Zauber durch Worte. Böse Worte werden mit entsprechenden Zauberformeln verbunden. Aber auch durch unvorsichtiges Lob oder offene Bewunderung kann man jemanden beschreien. Denn man nahm früher an, dass selbst mit offener Bewunderung eigentlich Neid verbunden ist und der Schmeichler durch sein Lob die positiven Eigenschaften an sich reißen will. Um das Beschreien durch Lob abzuwehren, entgegnet man Glück- und Segenswünschen mit den Worten „unbeschrien" bzw. „unberufen".

Beschreikräuter: alle Kräuter, die bösen Zauber unwirksam machen.

Beschwörungsort: Er muss kreisförmig abgegrenzt sein. Denn dieser magische Kreis, auch Asyl genannt, kann von den Geistern, Dämonen und Teufeln nicht überschritten werden. Auch die Teilnehmer der Beschwörung selbst werden dadurch vor den bösen Einflüssen geschützt. Siehe Bannkreis.

Beschwörungszubehör: Wichtig sind schwarze Kerzen oder Kohlefeuer, oft auch Räucherwerk, dazu das Wissen um die geheimen Namen der Dämonen sowie Zauberformeln. Siehe Rückbeschwörung.

Bildzauber: Verwendung von Bildern in zauberischen Handlungen. Ähnlich dem Analogiezauber werden dabei Bilder als Wirklichkeit genommen.

Birke: der Baum, aus dem Hexen ihren Besen anfertigen.

Blau: magische Farbe; das Symbol des Erfolgs. Blau bedeutet Himmel, die Grenzenlosigkeit, das Mystische. Dunkles Blau symbolisiert Vernunft und Logik.

Blocksberg: der Brocken im Harz. Dieser Berg gilt seit alters her neben dem Heuberg als wichtigster Tanzplatz und Treffpunkt der Hexen.

Blut: ist bei der Hexenkunst sehr wichtig, denn Blut ist die Kraft des Lebens selbst. Es spielt in vielen magischen Ritualen eine wichtige Rolle.

Brot: gilt als herausragender Träger von Gegenzauberkräften.

Buchsbaum: wehrt Zauber ab und schützt vor Blitzeinschlag.

Buck, auch St. Johanniskraut, Sonnwend- und Johannisgürtel, Frauenkraut oder Beifuß: wird für Liebeszauber benötigt.

Candlemas, auch Lichtmess, Imbolc: Tag bzw. Nacht des 2. Februar, einer der acht Hexenfeiertage. Die Kräfte des Mondes verstärken jetzt die Zauberkräfte.

Coven: siehe Konvent.

Dill: Beschreikraut.

Dorant: eine Pflanze, die für die Entzauberung von Mensch und Tier verwendet wird.

Dost: stark duftende Pflanze, die heute noch ein Bestandteil von Kräuterbündeln zur Abwehr von Dämonen ist.

Drachenkraut: siehe Aphrodisiakum.

Dreieck: magisches Symbol, das seit Urzeiten bekannt ist.

Drudenfuß: siehe Pentagramm.

Eberesche, auch Vogelbeerenbaum: Baum, dessen Zweige für die Anfertigung der Lebensrute gebraucht werden.

Eiche: heiliger Baum, dem man Zauberkräfte nachsagt.

Einfacher Blutstrich: siehe Pentagramm.

Eisenkraut: Zutat für einen Glücks- oder Erfolgszauber.

Elfenring: siehe Hexenring.

Elfentanzplatz: siehe Hexenring.
Engelwurz: Zutat für Liebeszauber.
Erde: eines der vier alten Elemente. Es bezeichnet Vorsicht, Berechnung und das Ausnutzen aller Möglichkeiten. Erde symbolisiert in der Hexenkunst Schutz und Materie.
Erdkreuz: siehe Kreuz.
Erdreligion: eine Religion, in der die untrennbare Verbundenheit von Geist und Materie betont wird. Das Leben in Harmonie mit der Erde und allen lebenden Wesen ist das vorherrschende Element dieser Religion.
Erfolgszauber: sollte an Lammas (1. August) durchgeführt werden.
Ernte magischer Pflanzen: soll im Einklang mit dem Mond geschehen. Als Grundregel gilt: Eine Heilpflanze hilft dann besonders gut, wenn sie an dem Tag geerntet wird, an dem der Mond in demselben Zeichen steht wie der Körperteil, den es heilen soll.
Esbat: Zeitpunkt des monatlichen Vollmondrituals. Manche Hexen feiern Esbat auch an Neumond. Das Wort ist abgeleitet aus dem französischen „s´ébattre" = sich amüsieren.
Farn: Zutat für Schutzzauber und Geborgenheitszauber.
Feenring: siehe Hexenring.
Fegen: siehe Kehren.
Fenchel: Zutat für einen Gesundheitszauber.
Fessel: ist nach der Beschwörung eines Dämonen wichtig.
Feuer: eines der vier alten Elemente. Es bezeichnet den mitreißenden Wunsch und unbezwingbaren Willen, sich zu entfalten, zu behaupten, um jeden Preis durchzusetzen. Feuer symbolisiert in der Hexenkunst die Macht des Willens.
Fische im Mond: günstig für magische Arbeiten, die von langer Dauer sein sollen. Steht der Mond im Sternzeichen Fische, soll man außerdem Gebets- und Mentalheilungen durchführen.
Fluch, auch Bannfluch: gehört in den Bereich der Wortmagie. Oft wird ein Dämon oder Gott angerufen, der dann den Bann bewirken soll.

Frauendreißiger: die Zeitspanne zwischen Mariä Himmelfahrt am 15. August und Mariä Geburt am 8. September. Die Zeit wird für das Sammeln von Zauber- und Heilkräutern und für den Heilzauber genutzt.

Frauenmantel: Zutat für einen Gesundheitszauber.

Fußspur: zeigt — wenn sie eine außergewöhnliche Form hat — die Anwesenheit und das Wirken übernatürlicher Kräfte an.

Gegenzauber: bezeichnet alle Praktiken, die vorbeugend und bei vermuteter Wirkung eines bösen Zaubers angewendet werden können. Gegenzauber wirkt abwehrend und aufhebend.

Geißblatt: Zutat für Gesundheitszauber.

Gelb: magische Farbe; das Symbol für Gesundheit und Wohlbefinden. Gelb bedeutet auch Sonne und Sterne, Reichtum und Fülle. Die Farbe wird in der Magie gern gegen seelische Verstimmungen eingesetzt.

Gesundheitskräuter: Salbei, Lavendel, Kamille, Fenchel, Frauenmantel, Minze, Baldrian und Geißblatt.

Glücks-/Erfolgskräuter: Bergamotte, Zitronenmelisse und Eisenkraut.

Glückshand: magisches Amulett, das bei uns seit dem Mittelalter bekannt ist. Die Glückshand wehrt Unheil ab und verleiht in gefährlichen Situationen Macht und Kraft.

Goldrute: wird für die Herstellung von Wünschelruten verwendet.

Gras: Zaubermittel für Hexen. Als Tanzplätze dämonischer Mächte gelten die Plätze, an denen lichte, kreisrunde Stellen ohne Gras sind oder aber an denen wuchernde Grasringe wachsen.

Grian-Stad: siehe Hexensabbat.

Grimoarien: siehe Magiebücher. Grimoarien sind von Magiern wohl vor allem für weiße Magie genutzt worden, um Wohlstand zu erlangen und Feinde zu vernichten.

Grün: magische Farbe; das Symbol der Natur, der gesamten Vegetation. Grün bedeutet Wachsen, Werden, Frühling. Die Farbe wirkt beruhigend und bringt Harmonie.

Gürtel: magisches Symbol von Macht und Kraft. Hexen und Zauberer tragen einen Gürtel, um ihre Kräfte zu bündeln und zu festigen.

Hain: ein Konvent, der aus mehr als 13 Teilnehmern besteht.

Halloween, auch Samhain (keltisch): einer der acht Hexenfeiertage, und zwar die Nacht vor dem 1. November. Samhain ist der letzte der vier großen Sabbate, und zwar das Neujahrsfest.

Haselnuss: Zutat für Schutz- und Geborgenheitszauber. Heute noch werden die Zweige zu Wünschelruten gebunden, um Quellen, Wasseradern und verborgene Schätze zu finden.

Heilkräuter: sollten stets nackt und zu bestimmten Zeiten gesammelt werden, zum Beispiel vor Sonnenaufgang, bei Neu- oder Vollmond, zur Sommersonnenwende. Heilkräuter wirken besser, wenn man beim Sammeln und Anwenden bestimmte Zauberformeln spricht. Die Kräuter werden als Tee, als Tinktur oder zu Pulver zerrieben eingenommen oder in einem Säckchen als Amulett getragen.

Heilrituale: führt man stets in der Phase des abnehmenden Mondes, am 13. Tag eines Monats oder bei Mondfinsternis durch. Erfolg versprechen auch die Nächte um Weihnachten und zwischen Karfreitag und Ostersonntag.

Heilzauber: soll man stets bei zunehmendem Mond und an einem Freitag durchführen. Die Wirkung zeigt sich dann beim nächsten abnehmenden Mond.

Heuberg: Ort der Versammlung und des Tanzes der Hexen, im Aberglauben ebenso bekannt und so bedeutungsvoll wie der Blocksberg.

Hexenbesen: abnorme Astwucherungen an Bäumen.

Hexenhut: wird bei Ritualen und Zeremonien getragen und soll die Konzentration von Hexe und Magier stärken.

Hexenkräuter: Bilsenkraut, Baldrian, Hartheu, Stechapfel, Alraune.

Hexenring, auch Elfen-, Feenring, Elfentanzplatz: Bezeichnung für eine mehr oder weniger kreisförmige Anordnung von Pilzen im Gras oder im Wald.

Hexensabbat: die Feiertage der Hexen; jene Tage (oder oft auch Nächte) im Jahreslauf, die nach alter Überlieferung als heilig gelten. Die christlichen Feiertage sind an diese Tage gebunden – man feiert sie allerdings meist zwölf Stunden später. Die Kräfte des Mondes verstärken in diesen Nächten die Zauberkraft.

Holunder: wehrt Angriffe aller Art ab und bewahrt vor Versuchungen.

Imbolc: die Initiation der Hexen an Candlemas, einem der acht Hexenfeiertage. An diesem Tag (2. Februar) kann man besonders gut magische Rituale zur Reinigung von Haus und Wohnung durchführen.

Johanniskraut: Beschreikraut.

Julfest: siehe Wintersonnenwende.

Kamille: Zutat für einen Gesundheitszauber.

Kehren: schützt das Haus. Deshalb kehrt man an Ostern das Wohnzimmer von den Wänden zur Mitte hin.

Kerzen: gehören zu jedem magischen Ritual. Sie symbolisieren das Element Feuer.

Knoblauch: Beschreikraut; soll gegen böse Hexen und besonders Vampire schützen.

Kordel: wird verwendet, um gewisse Dinge bei rituellen Zeremonien zu messen.

Kräuter sammeln: sollte man prinzipiell in der Vollmondphase, denn die Heilkraft ist dann besonders stark. Nach einem alten Volksglauben soll die Wirkung der Kräuter zwischen dem 15. August (Mariä Himmelfahrt) und dem 8. September (Mariä Geburt) besonders groß sein. Siehe Frauendreißiger.

Kräuter sammeln – Ausgraben von Wurzeln: sollte man bei Vollmond oder den ersten Tagen des abnehmenden Mondes. Kräuterwurzeln sollen niemals der Sonne ausgesetzt werden. Man gräbt deshalb einige Stunden vor dem Sonnenaufgang oder in den späten Abendstunden nach Wurzeln.

Kräuter sammeln – Blätter: sollte man bei zunehmendem Mond, also zwischen Neumond und Vollmond. Ausnahme sind Brennnesseln: Sie werden ausschließlich bei abnehmendem Mond gepflückt. Man soll den Tee oder Saft der Brennnesseln auch nur bei abnehmendem Mond trinken, dann wirkt er besonders gut.

Kräuter sammeln – Blüten: sollte man bei zunehmendem Mond. Will man die Blüten jedoch trocknen, so eignet sich der abnehmende Mond besser: Sie trocknen dann schneller.

Kräuter sammeln – nach Himmelsrichtungen: Eine Pflanze, die von Mond, Venus oder Merkur regiert wird, pflückt man mit Blick nach Westen; Pflanzen mit dem Regenten Saturn, Mars oder Jupiter pflückt man in Richtung Süden oder Osten; Pflanzen, die von der Sonne beherrscht werden, muss man mit Blick nach Süden sammeln.

Kräuter sammeln – Samen und Früchte: sollte man bei zunehmendem Mond, allerdings nur für den sofortigen Gebrauch. Zum Trocknen und Lagern erntet man Früchte und Samen besser bei abnehmendem Mond.

Kreide: wehrt das Böse ab. Deshalb wird bei manchem Ritual der magische Kreis (siehe Bannkreis) mit einer Kreidelinie gekennzeichnet.

Kreuz: mächtiges magisches Symbol. Die waagerechte Linie stellt den Horizont dar, die senkrechte weist zum Himmel.

Kreuzdorn: bewährt sich oft als Wünschelrute.

Kreuzwege: geheimnisvolle Orte, an denen Hexenkunst ausgeübt wird.

Kümmel: wird oft zur Abwehr von Hexen und Dämonen verwendet. Kümmel entfaltet seine Wirkung am besten, wenn er am Johannistag, dem 24. Juni, vor Sonnenaufgang oder während der Glockenschläge um zwölf Uhr mittags gesammelt wurde.

Lammas, auch Lammas Eve (altenglisch: loaf mass = „Laibmesse") oder Lughnasad: einer der acht Hexenfeiertage. Lammas geht auf ein altes keltisches Schnitterfest zurück. An diesem Tag kann man besonders gut magische Rituale für Erfolg durchführen.

Lavendel: Zutat für einen Gesundheitszauber.

Liebeskräuter: Engelwurz, Petersilie, Pfeffer, Liebstöckel und Apfel.

Liebeszauber: sollte man an Beltane (1. Mai) durchführen.

Liebstöckel: Zutat für Liebeszauber.

Litha: siehe Sommersonnenwende.

Lorbeer: allgemeines Schutzkraut, das vor Krankheit, Blitzschlag und Poltergeistern bewahrt.

Luft: eines der vier alten Elemente. Es symbolisiert seelische und geistige Schnelligkeit, Vernunft und geschickte Beweglichkeit. Luft in der Hexenkunst für die Schärfe des Verstandes.

Lughnasad: siehe Lammas.

Mabon: siehe Tagundnachtgleiche des Herbstes.

Magie bei abnehmendem Mond: wird vor allem für Bannsprüche angewendet. Diese Mondphase wird für die schwarze Magie genutzt. Allerdings kann man in dieser Mondphase auch hexen, wenn man Krankheiten und Schaden abwenden will.

Magie bei Neumond: Die Neumondnacht ist eigentlich für Zauber jeder Art tabu: Sonne und Mond stehen jetzt in demselben Haus; man kann also nie ganz sicher sein, ob ein Zauberspruch nicht in sein Gegenteil umschlägt. Lediglich in der schwarzen Magie nutzt man den Neumond.

Magie bei zunehmendem Mond: wird wie die Magie bei Vollmond für Wachstum und Wohlbefinden benutzt. Diese Mondphasen werden für die weiße Magie genutzt.

Magiebücher: werden auch „Grimoarien" (ursprünglich aus dem französischen „grammaire" = Regelwerk) genannt. Diese Bücher waren vom 17. bis zum 19. Jahrhundert besonders beliebt. Eines der ältesten ist der „Schlüssel Salomos"; es wird dem biblischen König Salomo zugeschrieben. In Magiebüchern sind genaue Anweisungen enthalten, wie die Zauberrituale auszuführen sind. Sie betreffen die Kleidung und das Werkzeug des Magiers, Anleitungen für die rituelle Reinigung, für magische Kreise, das Anfertigen von Talismanen und natürlich das Aufsagen der Zaubersprüche.

Magier: ursprünglich die Bezeichnung für Priester der altiranischen Religion („magi"). Später nannte man Astrologen und Traumdeuter „Magier", wie überhaupt alle Menschen, denen man Zauberkräfte zuschrieb.

Magische Arbeit: soll man nur durchführen, wenn der Mond im Sternzeichen Krebs, Skorpion, Fische oder Zwillinge steht.

Magische Blätter: sammelt man bei zunehmendem Mond, also zwischen Neumond und Vollmond. Einzige Ausnahme ist die Brennnessel: Man soll sie ausschließlich bei abnehmendem Mond pflücken und ihren Tee oder Saft auch nur bei abnehmendem Mond trinken!

Magische Blüten: pflückt man stets bei zunehmendem Mond oder Vollmond. Wenn man die Pflanzen jedoch trocknen will, eignet sich der abnehmende Mond besser: Die Blüten trocknen dann schneller.

Magische Farben: Blau, Gelb, Grün, Rot, Schwarz und Weiß.

Magische Früchte und Samen: erntet man zu sofortigem Gebrauch bei zunehmendem Mond, zum Trocknen und Lagern jedoch bei abnehmendem Mond.

Magische Pflanzen: Pflanzen und Kräuter, denen man Zauberkräfte nachsagt.

Magische Stunden: Nach Sonnenaufgang und Sonnenuntergang eignen sich bestimmte Stunden besonders für die Magie, vor allem wenn sie von Mondritualen begleitet wird.

Magische Zeichen: siehe Salomos Siegel.

Malleus Maleficarum: siehe Hexenhammer.

Minze: Zutat für einen Gesundheitszauber.

Mistel: uralte Zauberpflanze, die vor Blitz und Feuer bewahrt.

Mörser: magisches Werkzeug, in dem Kräuter und Pflanzen für Rituale und Zaubertränke zerkleinert werden.

Neumond: wird einzig und allein für die schwarze Magie genutzt: für jeden Zauber, der Tod oder Zerstörung bringen sollte. An Neumond sollen nach alter Überlieferung keine Hexenkünste ausgeübt werden.

Nüchternheit: unbedingte Voraussetzung für die meisten Zauberrituale. In nüchternem Zustand ist man wesentlich empfänglicher.

Ostara-Ritual: siehe Tagundnachtgleiche des Frühlings.

Paganismus: Bezeichnung für eine Erdreligion. Der Begriff ist abgeleitet von dem lateinischen Wort „paganus" = Landbewohner. Heutzutage wird in England das Wort „pagan" und im Deutschen das niederländisch/deutsche Wort „Heiden" benutzt.

Pentakel: siehe Pentagramm.

Petersilie: Zutat für Liebeszauber.

Pfaffenpint, auch Aronstab: Zutat für Liebeszauber.

Pfeffer: Zutat für Liebeszauber, aber auch für Schutz- und Geborgenheitszauber.

Rainfarn: Beschreikraut.

Räucherbecken, auch Räucherschale: magisches Werkzeug, in dem man Räucherwerk verbrennt.

Räucherschale: wird verwendet, um beispielsweise Weihrauch darin zu verbrennen. Weihrauch stimuliert das Unterbewusstsein.

Ritual: die „heilige Handlung" an Hexenfeiertagen sowie bei allen anderen magischen Handlungen.

Ritualdolch: ein Dolch mit schwarzem Griff, dessen Klinge magnetisierbar sein sollte. Nur dann kann er Energie aufnehmen und verströmen. Der Ritualdolch wird verwendet, um das Pentagramm zu ziehen, und stellt das Element Luft dar.

Reinigungszauber: sollte man an Imbolc (2. Februar) durchführen.

Rosenkreuz: magisches Symbol, das aus dem Pentagramm und einem Rosengebinde besteht. Es gilt als Zeichen der Liebe.

Rot: magische Farbe; das Symbol der Liebe und der Fruchtbarkeit, aber auch der Zerstörung und der Macht. Nicht umsonst tragen Könige, Adel und Militär oft rote Roben bzw. Uniformen. Außerdem ist Rot ist eine sehr kraftvolle Farbe, die oft zum Schutz eingesetzt wird.

Roter Drache: berühmtes Zauberbuch aus dem 16. Jahrhundert, in dem unter anderem auch die Herstellung einer Wünschelrute beschrieben ist.

Sabbat: siehe Hexensabbat. Das Wort „Sabbat" ist aus der babylonischen Sprache abgeleitet: „sha-bat" bedeutet so viel wie Herzensruhe und bezog sich auf den monatlichen Feiertag der Göttin Ishtar. Der Ausdruck wurde später ins Hebräische und Englische übernommen.

Salbei: Zutat für Liebes- und Gesundheitszauber.

Salomos Siegel: siehe Hexagramm.

Samhain: siehe Halloween; 31. Oktober, einer der acht Hexenfeiertage (Neujahrsfest).

Schadenszauber: gehören zum Bereich der schwarzen Magie. Man hext jemandem etwas Unangenehmes an, oft auch aus einem Rachegefühl heraus. Man sollte sich aber des Prinzips bewusst sein: „Was man aussendet, bekommt man zurück".

Schnitterfest: siehe Hexensabbat.

Schutzkräuter: Weißdorn, Haselnuss, Farn, Pfefferkörner und Wermut.

Schutzkreis: muss von Hexe und Magier vor jeder magischen Handlung um sich selbst gezogen werden. Siehe Bannkreis.

Schwarz: magische Farbe; Symbol des Schutzes schlechthin. Oft tragen Magier und Hexen schwarze Kleidung – nicht unbedingt, um andere Personen abzuschrecken, sondern um sich selbst vor Angriffen zu schützen. Schwarz gilt außerdem als Farbe der Zeremonien.

Schwarze Magie: ist die Art Zauberei, die einem anderen Menschen schadet. Sie benutzt zwar die gleichen Kräfte wie die weiße Magie, setzt sie jedoch eher für böse Zwecke ein, etwa für Bannsprüche und Flüche.

Siebenstern: magisches Symbol, das eine starke Schutzfunktion hat. Denn die Sieben ist eine heilige Zahl.

Solitaire: Hexe oder Magier, die allein arbeiten und keinem Konvent angeschlossen sind.

Sommersonnenwende, auch Litha: einer der acht Hexenfeiertage; wird in der Nacht vor dem 21. Juni gefeiert. Früher galten die Tage zwischen 20. und 23. Juni als Hexensabbat. In dieser Nacht wurden früher Sonnwendfeuer entzündet. Sie sollten die Segenskraft der Sonne noch steigern.

Stab: magisches Gerät. Der Stab ist das bekannteste Symbol der Magie. Als Werkzeug der Hexenkunst hat er eine besondere Bedeutung: Durch ihn fließt die Energie, die eine Hexe oder ein Magier verwendet. Er stellt das Element Feuer dar.

Stechapfel: Bestandteil von Hexen- und Flugsalben.

Tagundnachtgleiche des Frühlings, auch Ostara: ist heute auf den 21. März festgelegt. Von da an werden die Tage deutlich länger und die Nächte kürzer. Es ist einer der acht Feiertage für Hexen; nach Candlemas am 2. Februar das zweite große Fruchtbarkeitsfest des Frühlings.

Tagundnachtgleiche des Herbstes, auch Mabon: wird zwischen dem 21. und 23. September als einer der acht Hexenfeiertage begangen.

Tollkirsche: Bestandteil von Hexensalben.

Verhexen: Praktik, mit der man eine andere Person oder einen Gegenstand verwandeln kann und ihm auf diese Weise gute oder schlechte Eigenschaften zuweist.

Vermeinen: jemanden mit Verwünschungen bedenken.

Verschreien, auch verrufen: Verhexung durch Zaubersprüche.

Versehen: Verhexen in Verbindung mit dem bösen Blick.

Wachstumsrituale: sollten am besten an Litha durchgeführt werden.

Wahrsagen: sollte am besten bei der Wintersonnenwende stattfinden.

Wasser: eines der vier alten Elemente. Es bezeichnet das Streben nach Frieden und Ruhe. Wasser symbolisiert in der Hexenkunst die Tiefe der Gefühle.

Weiß: magische Farbe; Symbol der Anziehungskraft und des überirdischen Geistes. Weiß bedeutet auch Unschuld und Reinheit. Die Farbe beinhaltet – wie das Licht der Sonne – alle anderen Farben des Spektrums und zeigt so auch die Vielfalt der Welt an.

Weißdorn: Zutat für Schutzzauber und Geborgenheitszauber.

Weiße Hexe: eine Hexe, die ihre magischen Kräfte ausschließlich zu guten Zwecken einsetzt.

Weiße Magie: nutzt dem Menschen und wird niemals zu seinem Schaden angewandt. In der weißen Magie kennt man vor allem Schutzzauber und magische Segenssprüche, die vor Unheil bewahren sollen.

Wermut: Zutat für Schutzzauber und Geborgenheitszauber, außerdem ein Beschreikraut.

Wintersonnenwende, auch Julfest: einer der acht Hexenfeiertage, der um den 22. Dezember gefeiert wird. Ab jetzt werden die Tage – nach der Tagundnachtgleiche des Herbstes am 23. September – wieder länger. Die Wintersonnenwende ist besonders gut für Orakel und zum Wahrsagen geeignet.

Wortmagie: das Aussprechen von Bannflüchen sowie das Behexen, Beschreien mittels ausgesprochener Zauberformeln oder schützender Beschwörungen.

Zauberei: die Beherrschung übernatürlicher Mächte, um damit das Geschehen auf der Erde zu beeinflussen.

Zitronenmelisse: Zutat für einen Glücks- oder Erfolgszauber.

Zunehmender Mond: der „gütige Mond" und traditionsgemäß die Zeit der weißen Magie. In dieser Mondphase wird all jener Zauber ausgeführt, der mit Wachstum, Glück, Reichtum und Zugewinn in Zusammenhang steht. Beste Wirkung erzielt man bei Vollmond.

Zwilling im Mond: günstig für Magie, die tagsüber ausgeübt wird; außerdem für magische Arbeiten, die schnellen Erfolg bringen sollen.